"乡村振兴的苏州实践"丛书

丛书主编　钱东东

数字赋能乡村振兴
苏州实践

金伟栋　主编

苏州大学出版社
Soochow University Press

图书在版编目(CIP)数据

数字赋能乡村振兴苏州实践 / 金伟栋主编. --苏州：苏州大学出版社，2023.2
("乡村振兴的苏州实践"丛书 / 钱东东主编)
ISBN 978-7-5672-4292-0

Ⅰ.①数… Ⅱ.①金… Ⅲ.①数字技术-应用-农村-社会主义建设-研究-苏州 Ⅳ.①F327.533-39

中国国家版本馆 CIP 数据核字(2023)第 029173 号

SHUZI FUNENG XIANGCUN ZHENXING SUZHOU SHIJIAN

| 书　　名：数字赋能乡村振兴苏州实践 |
| 主　　编：金伟栋 |
| 责任编辑：方　圆 |
| 装帧设计：刘　俊 |
| 出版发行：苏州大学出版社(Soochow University Press) |
| 出 版 人：盛惠良 |
| 社　　址：苏州市十梓街 1 号　邮编：215006 |
| 印　　装：苏州市深广印刷有限公司 |
| 网　　址：www.sudapress.com |
| 邮　　箱：sdcbs@suda.edu.cn |
| 邮购热线：0512-67480030 |
| 开　　本：718 mm×1 000 mm　1/16　印张：14　字数：237 千 |
| 版　　次：2023 年 2 月第 1 版 |
| 印　　次：2023 年 2 月第 1 次印刷 |
| 书　　号：ISBN 978-7-5672-4292-0 |
| 定　　价：45.00 元 |

凡购本社图书发现印装错误，请与本社联系调换。
服务热线：0512-67481020

"乡村振兴的苏州实践"丛书
编 委 会

主　　任　钱东东

主　　编　金伟栋

副主编　何　兵　吉永峰

成　　员　（按姓氏笔画排序）

仇光辉　吉永峰　朱　倩　任志强
汤艳红　何　兵　沈明星　宋建华
张　强　金伟栋　钱东东　章　楠
褚新宇

目录

党建引领永联村数字乡村建设 …………………………………………… 1
建设村的"智治建设"经验 ………………………………………………… 6
"数景结合、文旅融合"的双塘经验 …………………………………… 11
支山村"甜蜜事业"的数智路径 ………………………………………… 15
慈乌古村复繁华,数字赋能助振兴 ……………………………………… 19
永利智慧"云"平台助力乡村"土"产业 ……………………………… 23
为美丽常东插上"数字翅膀" …………………………………………… 27
赋善以"智",助力乡村振兴 …………………………………………… 32
数字开启李巷"乡村智治"新未来 ……………………………………… 37
"智理"南港云科技,"慧享"生活新姿态 …………………………… 42
"云上中泾"助力产业融合发展 ………………………………………… 46
双浜村的数字化转型路径 ………………………………………………… 51
"科技+"共建智慧乡村,"水稻+"振兴禾美坞坵 ………………… 55
数字赋能铜官山,乡村绘就新蓝图 ……………………………………… 60
构筑"三智"田园,助力智林振兴 ……………………………………… 64
科技兴渔,"智"在长虹 ………………………………………………… 69
"五彩何桥",赋能乡村数字建设 ……………………………………… 75
东阳澄湖村智慧发展"三部曲" ………………………………………… 79
打造智慧市北,创建美丽家园 …………………………………………… 84
"吴韵溇港"助力共建智慧吴溇 ………………………………………… 89
数智赋能乡村振兴,发展"园村合一"的莺湖路径 ………………… 94
"治惠东联",以小平台发挥大作用 …………………………………… 99
聚焦乡村治理,精准化打造智慧农村的"北联样板" ……………… 104

提升农民数字素养，打造"智慧沧洲"新模式 …………………… 108
乡村智慧化助力擦亮"美美江村"金字招牌 …………………… 113
"数字渔村"促振兴，乡村治理显身手 ………………………… 118
"智"领五源，"慧"及庙头，打造长漾里特色田园乡村 …… 123
建设"智慧农村"，开创旺山乡村振兴新局面 ………………… 129
推进数字牛桥"智"理，激发乡村振兴活力 …………………… 135
发展电商产业，助推江湾经济高质量发展 ……………………… 141
壹号庄园推进智慧农业场景建设 ………………………………… 145
数字赋能，打造善港现代智慧农业 ……………………………… 149
福元高科：智慧园艺，特色石斛 ………………………………… 154
打造常阴沙智慧大田场景，助力稻麦生产提质增效 …………… 158
智慧农业引领产业振兴，产业园区带动百姓增收 ……………… 164
数字科技为常熟现代农业插上"智慧翅膀" …………………… 169
"德康"楼层式智慧养殖新模式 ………………………………… 174
打造智慧梅山猪保种场，实现数字化管理大跃升 ……………… 178
"互联网+"时代鼎丰农业科技新作为 ………………………… 183
"智慧芯片"引领阳澄湖渔业生态发展 ………………………… 187
创建"四系统一平台"，确保消费者舌尖上的安全 …………… 192
信息化赋能智慧水产的"聚福"做法 …………………………… 196
"公司化运作+园区引领"打造七都渔业智慧样板 …………… 201
立美智能ERP管理系统助力农业生产转型升级 ………………… 206
智慧牧场助力苏太企业高质量发展 ……………………………… 211

后记 …………………………………………………………………… 216

党建引领永联村数字乡村建设

永联村党委坚守为民服务的初心,深耕永联党建特色优势,不断提炼党建引领数字乡村建设经验,总结推广永联农村党建创新做法;加快乡村数字化改造,用数字赋能永联发展,不断丰富个人金融数据和行为数据;加强数字乡村及乡村信用体系理论研究,打造数字化建设和金融相结合的乡村信用体系评价标准。

▶▶ 一、基本概况

永联村位于张家港市南丰镇,是苏南地区面积最大、人口最多、综合实力最强的行政村之一,辖区内有居民2.5万余人。永联村党委下设1个党委、1个党总支、14个党支部。永联村党委获评"全国先进基层党组织"称号,永联村获评"全国文明村"等荣誉称号。永联村在党的领导下,由穷变富、由小变大,五十多年来,特别是改革开放以来,走出了一条工业化带动城镇化建设，进而实现农业农村基本现代化发展的道路。

▶▶ 二、发展历程

永联村于 1970 年在长江边上围垦建村，1978 年借助改革开放的东风，创办社队企业，走上了农村工业化的发展道路，之后以工业化为牵引，带动了永联城镇化建设。2006 年 9 月，《关于建设社会主义现代化新永联的决议》勾画了永联村现代化建设的新蓝图，永联村踏上了农业农村现代化的快车道。

2012 年，在实现农业生产机械化、自动化的基础上，永联村全面启动了信息化建设。为鼓励社员使用电脑，投资 2000 万元用于购置电脑设备，对上机考试合格的社员给予 1000 元奖励。同时，永联村全面接入了 100 兆光纤宽带，让社员通过网络了解外面的世界。一年时间，全村实现了家家有电脑，户户有宽带，人人会上网。

2013 年，永联村初步提出了建设"智慧永联"的目标，陆续在农业生产、村域治理和民生服务领域，开发了三精农业信息系统、消防报警装置、永联菜篮电子商务等信息化、智能化应用。

2015 年，永联村基本实现了村域管理智能化、农业生产自动化、农产品销售电子商务化、信息发布网络化。

2019 年 1 月，张家港市首个 5G 基站在永联小镇开通。

2021 年以来，永联村提出了数字永联建设战略目标。

▶▶ 三、主要做法和成效

永联村聚焦数字产业、数字治理、数字民生，打造"1 + 3 + N"平台体系。"1"就是实施"5G 专网 + 双千兆"、数据中台等新基建建设，"3 + N"就是聚焦数字产业、数字民生、数字治理三个方向，建设多个数字化应用场景。

（一）数字产业方面

打造"天天鲜"品牌，数字化产业链赋能三产融合。在种植养殖端，永联村应用"智能温室物联网监测系统"等物联网技术，实时监测和掌握土壤墒情等作物生长数据，实现科学管理。在加工环节，永联村的 5 家食品加工厂和 1 家中央厨房基本完成了自动化流水线改造，农产品和食品加工实现了质量安全追溯和全程可控。在销售配送环节，永联村尝试整合分销平台，开发物流调度系统和大数据可视化看板,将业务经验转化为数字逻辑,为产业发展提供数据支撑与决策支持服务;依托线上商城实现订单销售,与线下14家门店形成互补。

（二）数字民生方面

永联村将数字化技术逐渐融入日常生活场景,以场景串联民生服务资源供给,以"人"为第一落点和第一推动力,让永联的社员和居民想用、能用、会用。目前,永联村已开发应用了"永联一点通"APP、"福村宝"医疗互助体系、健身管理系统、垃圾智能分类系统以及海豚急救自助系统。其中,海豚急救自助系统是永联村刚刚上线的应用场景,如有人员发生危险,使用"海豚急救"APP中的"一键呼救"功能,系统可以向紧急联系人、社区物业、120急救中心推送患者位置,以便急救人员赶赴现场实施快速救援。目前,永联正在将志愿者、医护人员、治安、保险公司等整合到该系统,为永联居民提供及时的救助与支援服务。此外,永联正在加快推进居民智慧健康、智慧停车、智慧教育、永联频道、数字货币等领域的建设和应用,提高居民的幸福指数。

（三）数字治理方面

依托大数据、物联网、三维可视化等新技术,总览村域情况,对村域生态、文明、治理、民生等指标进行多维度可视化监测。整合网格化综合管理平台、疫情防控平台、智慧安防平台,纳入地理空间、生态环境、建筑结构、人员活动、车辆状态等数据,形成数字永联"GIS（地理信息系统）一张图",构建数字化指标体系,从而实现精准精细、敏捷高效、全方位覆盖的数字乡村管控体系。建设永联指挥中心,实现永联村域内重大事件的调度、协调。基于GIS平台打造网格化、综合化管理平台,将永联小镇所有居民、房屋等海量信息,通过AI（人工智能）赋能,自动标识3000余类数据,精准构建人物画像,实现人、房、物的分类查询,实时掌握社区治理底册。对461名党员、14名网格员、2800余名志愿者、175名物业人员、20名业主监督员,进行实时调度指挥,能够快速对永联小镇5个网格内的设施维修、安全防护、文明行为、垃圾分类等事件进行联动处置。

四、经验启示

（一）以党建工作为指引，提升基层治理能力，夯实数字乡村建设保障基础

数字乡村建设是永联村党委一直以来主抓的重点工作，数字化建设离不开乡村治理能力提升这一重要保障。永联村党委以党建工作为指引，总结提炼"党旗飘扬、党章指引、党徽闪耀、党日红火"的党建工作法，增强基层党建工作在数字乡村建设过程中的凝聚力和引领力。坚持村党委领导下的代表大会议大事、议事团体议难事、楼道小组议琐事、媒体平台议丑事，让基层治理看得见、摸得着。深化"小区域、大党建"工作，整合永合社区、永钢集团等区域内党建力量，形成"多元共治、以法促治、文明善治"的乡村治理新模式。推动党建引领和社区治理一体化，形成了"一格五网、五网合一"的治理格局，有效破解了传统社区治理中碎片化、单一化等管理难题。永联村坚持党建引领，适时推进政经、村企、镇村、村社等四个分离，由村委会一元化治理发展为"党建引领、区域协同、依法治理"的多元主体、协商共治的社区治理机制，不断提高乡村治理现代化水平，为数字乡村建设打下坚实基础。

（二）以组织力建设为重点，加强基层组织建设，为数字乡村建设添活力、增动力

永联村党委按照书记有能力、班子有活力、制度有落实、工作有特色四个原则，不断加强基层党支部建设，激发党组织活力，将基层党组织打造为坚强的核心堡垒，并以党组织为纽带统筹各类资源，构建党建引领、区域协同、群众参与、依法办事的治理格局，充分发挥村党组织在乡村法治中的领导作用、在乡村自治中的引导作用、在乡村德治中的表率作用。村党组织的凝聚力、战斗力越来越强，村民、职工的热情和干劲也迸发出来，数字乡村建设各项工作有序落实落地。从"奖农补副""集体持股"到"按户分配""充分就业"，再到"为民服务基金""信用体系建设"，村党委带领村民不断在共建共治中实现发展成果、土地流转成果、集体福利成果共享。除党组织外，目前辖区内有志愿者联合会、社会文明联合会等多家社会组织，在册志愿者2800余人，为加强基层组织力建设提供有效补充，有效推进了数字乡

村建设过程中各项工作的落实落地。

（三）以信用体系建设为抓手，深化数字乡村建设，提升文明创建成效

2021年4月，在实现5G信号全覆盖、千兆光纤无缝隙的基础上，永联村党委立足永联实践，启动数字乡村信用体系建设项目。该项目是首个在村域内运用"大数据＋信用体系＋数字货币"等新技术赋能乡村振兴的实践案例，通过搭建"1＋3＋N"平台架构，对永联村已施行3年的"文明家庭考评体系"进行升级，构建由"文明分""金融分""基础分"组成的"永联分"评价体系，同时建设"永联一点通"APP用户端、PC管理端和GIS展示端3套管理系统，以及金融权益和非金融权益等N个权益应用场景，探索"积分制"数字化治理模式。通过该平台，永联村实现了对村域内2.4万名村民、职工的信用评级，用户根据不同信用等级享受生鲜超市优惠、农耕园免票入园以及优惠贷款产品等金融支持，让永联老百姓真正享受数字生活带来的实惠，助力乡风文明建设，提升乡村治理能力。

建设村的"智治建设"经验

建设村以乡村振兴战略为统领,坚持经济发展和文明创建双轮驱动的工作理念,通过数字技术赋能来持续完善乡村治理模式,不断释放乡村社会内在活力。建设村构建生动化平民宣导体系,创新农村"微讲堂"教育模式;构建"线上线下"立体式村民自治体系,推出"股长议事会""工分宝"等创新举措;构建多级联动服务群众体系,推行"智治建设"微治理平台,群众幸福感和满意度显著提升,总结出了一套系统的"智治建设"经验。

▶▶ 一、基本概况

建设村位于张家港市锦丰镇东部,由原来的建设村、锦西村、元兴村三村合并而成。人民路、锦乐路穿越境内,村域总面积 4.6 平方千米,常住人口 5023 人,流动人口 2953 人,现有 38 个村民小组和一个华尔润居民集中区。建设村扎实开展"文明村""卫生村""平安社区""十佳书香家庭"等创建工作,助推文明创建协调发展,先后获得"江苏省文明村""张家港市文明村标兵""苏州市农村人居环境整治提升工作示范村""苏州市'智慧农村'示范村""中国乡村文化产业创新影响力典型案例"等多项荣誉称号。建设村党委获得"苏州市先进基层党组织"称号。

▶▶ 二、主要做法和成效

（一）思想"常更"不"断更"，构筑"云里云外大平台"

1. 宣传发动，"微讲堂"传播"大文明"

为了打通基层理论宣传的"最后一公里"，建设村推出农村"微讲堂"，把宣讲课堂搬到田间地头、垾前垾后，让村民在家门口就能了解到村"两委"换届、农村青苗费补贴、人居环境整治等民生微政策；打造"线上云课堂"，在"智治建设"小程序上头条发布、村微信公众号里持续推送习近平总书记讲话、中央政策文件、党史学习教育等内容，村民"随时可看，随地可学"，让党的声音"飞入寻常百姓家"；正在筹备中的"空中微讲堂"，计划设置300余处无线小喇叭，覆盖全村38个自然垾，开设基层党建、乡村振兴、文明新风等专栏，根据村民需求，闲暇时间定期播放老百姓感兴趣的党史故事、听得懂的政策宣讲、听得进去的春耕备耕知识，促进老载体发挥新功能，让村民的时代记忆焕发新光彩。

2. 依章行动，"微公约"撬动"大治理"

法治是社会治理现代化的重要标志，建设村村委厚植乡村法治文化理念，修改完善村规民约，分设守法、睦邻、齐家、修身、治村、爱卫等六篇章，明确村民违约责任、对等权利义务，切实增强公约实际操作性；打造锦西人家"法治微广场"，定期邀请驻村律师、联村法官走村入垾开展普法讲座，线上同步依托"智治建设"平台，开设"普法直播间"等栏目，提供专业法律咨询，开展普法宣传，引导村民更新观念，培育崇德向善、明法笃行的法治理念，在全村形成办事依法、遇事找法、纠纷化解靠法的良好氛围。

（二）民意"连网"不"唯网"，搭建"线上线下连心桥"

1. 协商互动，"微议事"蕴含"大能量"

为拓宽群众参与基层治理渠道，充分激发村民主人翁的责任感和归属感，建设村组建股长议事会，通过个人报名、公开竞选、组织考察等形式，遴选出有能力、有威望、公益心强的老党员、离任村干部、道德模范等"乡村精英"共15名，聘为村股长，设立专门议事机构，实体化运作。股长们日常围绕村里的难点、热点问题，进行政策宣传、纠纷调解、卫生督察、文明倡导和村组事务监督，有力地促进了乡风文明和乡村治理水平的提升，锦西二组桥梁加宽、建设支港河道治理、人居环境卫生考评机制等系列问题在股长们的监督参与下一一得以落实解决。此外，村委聚焦群众最关心、最直接、最现实的"关键小事"和"急难愁盼"，建立群众说事、党员问事、集中议事、定期评事的"日周月季"议事机制，身边小事"日结办"，群众诉求"周收集"，民生难点"月会商"，村情要点"季反馈"，推动实现"小事不出埭，大事不出村"，将一张张问题清单变为一份份满意答卷。锦西片区群众反映缺少公共活动空间，村委围绕"邻里凝聚力"主线，投入100余万元将锦西老村部打造成集为民服务、协商议事、回味乡愁于一体的锦西人家睦邻坊，让群众休闲有场所、村民议事有平台、留住乡愁有阵地；元兴片区百姓反映村埭桥面陈旧，村委在埭组交界处精心绘制了60余幅风格不一的特色墙绘、20座颜色不一的彩虹小桥，通过色彩斑斓、形象生动的内容，吸引村民驻足观赏，在方寸之间体现乡村美好意境。2021年，建设村先后收集民情信息80余条，累计开展各类议事活动30余次，解决村道路设施损坏、道路环境卫生、邻里矛盾纠纷等各类实事50余起。

2. 指间跃动，"微积分"激发"大动能"

建设村创新推出"智治建设"微信小程序，将服务群众"最后一公里"拉近到服务群众"零距离"。其中的"随手拍拍"板块，村民用户可聚焦村域内各类环境问题、民生需求拍照留言，后台问题分类后将委派条线人员及时予以处理反馈，成功搭建"点单+接单+派单+评单"的问题反馈闭环处理平台。"智治建设"微信小程序共涵盖初心课堂、头条发布、随手拍拍、志愿服务、环境治理等九大板块，村民用户可参与平台发布的各项活动来赚取工分，工分可兑换自己心仪的商品。自小程序上线以来，建设村有1000多名村民参与活动，共收集环境类问题115条，已全部得到有效解决。积工分激发了村民参与基层治理的热情，将"键对键"与"面对面"有机结合，村委精准记录，厘清问题，核实整改，让群众诉求建议与基层一线无缝对接，切实提升基层治理的精准度。

（三）服务"上线"不"掉线"，构建"网内网外一盘棋"

1. 线上联动，"微服务"促进"大民生"

大数据背景下，建设村利用数字赋能政府服务，全面推进"一窗式受理""一站式办理"，不断提升服务群众质效。开通"智治建设"微信小程序便民服务平台，梳理上架养老保险、医保报销、房屋改建等与群众密切相关的100余项民生事项，联合园（镇）政务服务中心，延伸"锦快办""锦管提"便民服务品牌内涵，简化办事流程，切实答疑解惑，持续提升政务办事效率和群众满意度。

2. 村企联动，"微力量"汇聚"大温暖"

通过排摸相对弱势群体"微心愿"，建设村将"群众要什么"与"我们有什么"有机结合，策划项目清单，整合企业资源，搭建互动平台，促成爱心项目和爱心单位的双向选择，聚焦辖区失独家庭、困境儿童、孤寡独居老人等弱势群体，筹得中油泰富、金鹿集团等30余家企业爱心捐款50余万元，开展"中泰祝寿——耄耋齐乐""中油家餐——益鹿有你"等慈善项目20余项。与此同时，村委认真选择承接项目的社工组织，依托他们的专业技能，为老百姓提供专业的服务。2021年累计开展各类新时代文明实践活动120余场，受益5000余人次，提供志愿服务达1000余人次。

▶▶ 三、经验启示

建设村"智治建设"治理案例的实践运用不仅激发了村民的自治活力，还提升了治理效能，实现了乡村善治。

（一）党建引领夯实治理基础

乡村治理的任何领域都离不开基层党组织强有力的核心领导，建设村坚持以党建引领乡村治理创新，充分发挥党组织总揽全局、协调各方、服务群众的战斗堡垒作用。在乡村治理遇到困难时，"两委"班子根据群众的理解能力制定宣传政策，多讲群众听得懂的话，上门沟通、增进理解，不断强化党组织的服务职能；持续培育党员先锋团队、乡贤能人团队、村民议事团队、志愿服务团队等辅助服务团队，牢牢夯实组织基础。

（二）多元机制拓宽治理渠道

在征询群众意见时，村委主动下沉、集智集策，拓宽群众主动参与议事渠道，常态化开展"锦西夜话""股长议事"活动，推行"智治建设"微治理平台，构建"线上线下"立体式村民议事机制，不断激发群众参与乡村治理的热情，提高村委回应民情民意的效率和速度，在人居环境整治、疫情防控等多方面引导群众主动共建共治。

（三）全员参与激发治理活力

建设村充分调动广大村民参与乡村治理的积极性和主动性，激发主人翁责任感和归属感，通过打造线上村社，搭建"人人随手拍——环境治理"问题反馈闭环处理平台、"志愿服务"全流程管理平台、"村民工分"奖励兑换平台，将线上智治与线下自治相结合，着力提升乡村治理效能，加快构建共建、共治、共享的乡村治理体系。

"数景结合、文旅融合"的双塘经验

双塘村主动融入乡村振兴发展大局,充分保护好、开发好特有的历史文化资源,重塑乡村文化内核,提升乡村旅游竞争力,用"文化+旅游+产业"引领乡村振兴,全方位运用大数据、云计算、移动互联网等信息技术,研发新平台,设计新产品,创新宣传方式,打造新零售模式,以"文化惠民、市场主导、创新驱动、融合联动"为原则,注重政府引导、部门联动和企业参与,不断拓展文化消费的新动能、新方式,启动文旅消费的新引擎,为全省数字文旅产业的发展贡献了"双塘力量"。

▶▶ 一、基本概况

双塘村位于张家港市凤凰镇,由原来的双塘、小山、新桥、吴湖4个村合并而成。全村总面积达 4.2 平方千米,常住人口 4319 人,外来人口 3592 人;现有耕地 1794 亩(一亩约等于 666.67 平方米),下设 41 个村民小组,农户1508户。双塘村村容整洁、环境优美、民风淳朴，百姓安居乐业，自然景观优美，河阳文化悠久，生态基础良好，毗邻凤凰山、凤凰湖、恬庄古街、河阳山歌馆、苏华美术馆等旅游打卡景点，可谓依山傍水、茶田相依、村落镶嵌，呈现"山水食茶文"特色，拥有河阳食尚——老河阳慢食聚落、禅味茶境——凤凰山茶旅、民宿等特色产业。目前双塘村已建成苏州市特色康居乡村点位6个，其中肖家巷作为张家港市首个省级特色田园乡村，以深化河阳文化、非遗民俗文化为主线，积极开展乡村环境治理、产业联动升级、文化传承保护、旅游产品建设等多项行动，逐步构建起集餐饮、茶旅、民宿、农业及文创于一体的"旅游+产业"发展体系，持续打造"珍馐十里飘香，乡风百年悠扬"的河阳田园非遗村。近年来，双塘村先后被评为"江苏省卫生村""江苏省生态村""苏州市'智慧农村'示范村""张家港市双文明单位"。

▶▶ 二、主要做法和成效

（一）"数字化+融合"，发展新蓝图

双塘村围绕"美在生态、富在产业、根在文化"的发展主线，融入非物质文化遗产这一特色亮点，创新业态模式，形成更加丰富的乡村旅游发展体系，全面提升美丽乡村建设层次水平，助力张家港市乡村旅游事业高质量发展。双塘村结合自身实际，依托凤凰山、三干河的生态环境优势，以肖家巷特色田园乡村建设为契机，以深化河阳文化、非遗民俗文化为主线，以重点项目为载体，逐步构建起餐饮、茶旅、民宿、农业及文创融合的"旅游+产业"发展体系，展现出乡村旅游发展的新模式、新格局。村集体积极营造文化氛围，建立双创机制，导入古河阳城文化，重塑"河阳里"乡愁记忆，打造集悠闲乡村生活、田园休闲度假、河阳非遗体验为一体的"老河阳"特色田园乡村，形成"禅味茶境""河阳食尚""乐享田园""乡野栖游""河阳乡里"五大产业发展布局。

（二）"数字化+创意"，非遗更显魅力

结合"山水吴歌，河阳福地——河阳田园非遗村"的定位，以"非遗先行，文旅融合"的思路，整合多方资源，推出"河阳计划""赋农计划""河阳市集"等品牌活动，并通过多种传媒手段加强旅游品牌宣传力度，运

用"互联网+"思维，利用抖音、微信公众号、短视频公众号等进行线上宣传；凭借报纸、宣传折页、广告展板投放等传统纸质媒体进行线下宣传；同时通过参加旅游推荐会、举办各类宣传活动，不断扩大双塘村乡村旅游影响力。此外，双塘村每月定期举办4期非遗活动，形成"乐享田园"乡村旅游业态。"旅游+"的产业模式，不仅吸引了更多游客的到来，也为村民提供了就业机会，提高了村民收入。

（三）"数字化+文旅"，服务更具智慧

文旅数字化转型可以实现智慧化监管，为有关部门精准施策和整体智慧建设提供数据支撑。双塘村全力打造智慧农村及文旅信息融合服务平台，汇聚全村农家乐、民宿、凤凰山茶场、乡村双创中心等旅游产业信息，实现"一景一档"的日常运行监管，以及"文旅导览一张图""文旅资源一张图""数据共享一张图"的综合应用与展示。借助文旅信息平台，通过大数据和互联网科技，保护和传承非物质文化遗产，促进文旅融合，强化文旅产品的挖掘与打造，通过大数据技术深度挖掘优质资源和产品，重点突出旅游线路产品的研发以及线上专题的导览。积极利用大数据和互联网技术来加强监管，创新性推出"一平台三体系"（"一平台"指双塘村智慧管理与服务平台，"三体系"指行业信用评价体系、管理体系和应用体系）的建设，率先打造信用监管的"双塘模式"，努力为全省文化和旅游行业信息体系建设贡献出"双塘方案"。

（四）"数字化+云游"，体验更加多元

随着以5G技术为代表的新一代移动通信技术的全面商用，"数字+文旅"不断催生出新的模式、新的产品、新的业态和新的体验。双塘村抓住5G技术全面商用的重要契机，通过数字化转型，整合各类文旅数字资源，推出数量众多、形式众多、品质优良的线上"云游双塘"产品，展示农家乐饭店、花海、农家乐坊、豆腐坊、双创中心、凤凰山茶场等景点的720度全景VR（虚拟现实）资源，使游客能更直观地了解景区信息。积极推动VR技术在文化旅游、文物和非物质文化遗产展示等方面的应用，打造集高性能、高科技感、高体验性于一体的沉浸虚拟文化旅游生态产业，发展"VR+"文化旅游，提升旅游景点的互动性和观赏性。

▶▶ 三、经验启示

以数字科技为代表的新一轮科技革命和产业变革方兴未艾，在数字科技不断成熟、产业发展不断转型升级的同时，也不断涌现出一些新的、颠覆性的创新科技，展现出新产品、新模式、新业态、新产业的巨大潜力。数字化经济建设是"数字中国"建设的重要一环，也是双塘村发展的重点方向，同时也是实现数字文旅产业发展的超级发动机。

（一）加强数据收集，文旅消费对接精准化

在数字文旅产业的发展过程中，应当充分发挥数字经济的优势，打破政府职能边界，整合部门与单位的数据资源，并依托文旅类大数据平台，采集、挖掘和利用好大数据，准确分析不同群体及个人的文旅消费偏好，实现文旅消费供给侧和需求端的精准对接。

（二）注重大数据应用，文旅消费产品多元化

首先，要开发个性化产品，利用大数据将消费用户和服务内容进行有效匹配。其次，要制定差异化营销策略，将文化消费和跨城旅游相结合，以解决不同地域观众对文旅消费喜好不同的问题。最后，要推动新零售业态落地，将传统文化与智能设备相结合，搭建文化消费的新场景和新模式，给旅游群体带来更为自主和便利的文化消费体验。

（三）坚持服务主导，文旅消费体验智慧化

首先，要用数字手段推动服务升级，积极搭建文旅消费智慧应用场景，始终聚焦文化旅游产业数字化转型目标，积极发展"非接触式"文旅服务。其次，要用数据优化游客体验，积极开展跨部门、跨区域的数据交换和应用实践。最后，要用数字有效管理景区。文旅产业的发展要以数字化技术为依托，积极创新旅游景区数字化管理的模式与方法，为景区管理和游客出行插上智慧的翅膀。

随着人工智能、大数据和5G等现代信息技术的发展，数字技术成为文旅产业融合创新的全新动力，继续推动文旅产业向数字化转型是实现高质量发展的关键举措。未来文旅产业应当紧紧把握住数字化发展的全球化新浪潮，继续推动产业迈向数字化，实现文旅融合发展。

支山村"甜蜜事业"的数智路径

支山村紧紧围绕农业农村现代化,抓住数字智慧农业发展契机,通过数字化手段,绘构新式田园生活,全面推广绿色防控技术,做好生态经济文章,培育以"桃文化"为主题的全产业链智慧农业品牌,推动凤凰水蜜桃产业量质齐升,实现百姓增收致富。支山村坚持把凤凰水蜜桃产业做得更强,把"金山银山"做得更大,树立向"数字"要发展效益的新理念,绘就了"产业强、乡村美、农民富"的支山样本,为实现产业兴旺、乡村振兴提供了"支山经验"。

▶▶ 一、基本概况

支山村(原名鸶山村)位于张家港市凤凰镇西南部,村域面积为5.8平方千米,下辖47个村民小组,共有农户1530户,在籍人口4250人,外来人口1480人,其中党员150人。村域内包括1个民防疏散基地、2.5万平方米的高标准厂房。支山村凤凰水蜜桃闻名遐迩，种植面积达 3000 多亩，为支山村农业主导产业，支山村已实现水蜜桃种植全域覆盖，是凤凰镇水蜜桃的核心产区。支山村也拥有丰富的旅游文化资源，中新鸳山桃花源（鸳山寺）、红豆苑、万亩桃园等被列入凤凰知名旅游景点名单。数十年来，支山村依托境内丰富的自然环境和深厚的文化底蕴，全力推动农业文化旅游产业发展迈开新步伐，目前已建成苏州市特色康居乡村点位 2 个，村内水蜜桃核心产业园和在建的中新鸳山桃花源将打造成农业休闲旅游的新典范。支山村村级经济收入从 2004 年并村时的 200 多万元增长到 2020 年的 736 万元，村级总资产达 7123 万元，净资产 4498 万元，村民人均可支配收入为 35500 元。近年来，支山村先后被评为"苏州市'智慧农村'示范村""苏州市现代农业规模化示范区建设先进单位""苏州市生态自然型示范村"。

▶▶ 二、主要做法和成效

（一）数字赋能，打造水蜜桃发展示范样板

支山村建设了"凤凰桃农"大数据库和基于全链数据服务平台的"桃管家"，通过信息化管理和个性化技术服务，推进水蜜桃产业园区的智慧化和数字化。利用"桃管家"服务管理平台，实时采集桃园传感数据，传输到智慧平台，实现水蜜桃生产监测和远程诊断。在操纵控制终端输入桃树编号，摄像头就能捕捉到需要观测的桃树，清晰看到果农在桃园里工作的情景。除了起到监控作用外，"桃管家"还涵盖数据监测分析、农事任务自动下发、农资动态管理、巡园实时上报等功能。"桃管家"通过监测凤凰山周边环境质量和日照时间等，对桃农进行科学种植指导，根据不同水蜜桃品种，定制个性化种植方案，提醒桃农进行农事操作。

（二）数字技术，打通流通环节的智能化

支山村打造了水蜜桃生产信息和质量追溯管理系统，借助二维码来识别桃树身份，让每一棵桃树都有独特的身份信息，从而使得消费者可以追溯到源头，了解水蜜桃产品质量。"山田心"水蜜桃包装清爽利落，显眼处印着二维码，只要用手机一扫，从水分、温度、甜度等数值到农户的施肥、灌溉、病虫防治等农事记录再到分拣、运转等关于桃子的各项信息就都一目了然。"桃管家"实现了水蜜桃生产流通全过程的可追溯，为每一颗水蜜桃建立

"出生档案",让产品质量"码"上可见,让消费者吃得放心与安心,助力果农实现优质优价、溢价增收。

(三)数字发展,提供智慧路径

近年来,支山村抓住电商风口,为一颗颗水蜜桃插上数字化技术、渠道和运营的翅膀,有效拓展销售渠道,实现最快让顾客24小时内收货,体验从"枝头"到"舌尖"的最佳味觉享受。实施"党建情·山田心"助农惠农项目,上线小程序旗舰店,联合张家港农商行、张家港市邮政分公司等共建单位开展电商惠农水蜜桃直播活动。通过各种宣传活动,促进农企联合、政商联动,提升凤凰水蜜桃品牌的影响力和知名度。支山村还借助物联网技术,着手打造数字化管理平台,为农产品安全保驾护航。例如:为水蜜桃出具中检集团(CCIC)认证标志,打开出口销路;上线数字一张图,建立分级分类管理体系;打造多元体验场景,为消费者提供更多服务。

(四)行业赋能,描绘"数字乡村"新蓝图

乡村振兴是"三农"工作的总抓手,而数字乡村是乡村振兴、"数字中国"两大战略的结合点。2021年10月,围绕"产业兴旺、生态宜居、乡风文明、治理有效、生活富裕"的现代化新农村建设,支山村积极响应国家"乡村振兴战略",建设支山村数字乡村管理与服务平台,致力为基层治理和服务注入"智慧基因"。平台利用信息化手段推进乡村信息化建设,提升乡村治理智能化、精细化、专业化水平,服务村委管理人员与农户,旨在提高基层管理水平、丰富服务手段、便捷农民生活,打通基层治理的"最后一公里"。除信息公开、高效办公、乡村治理、智慧积分、智慧农业、人居环境专项管理、民情一张图等标准化的功能外,平台将根据各村的需求定制个性化服务,比如为桃园搭建全链条的数据服务平台,充分利用互联网思维和信息化手段,推动支山村发展实现质量变革、效率变革和动力变革。

▶▶ 三、经验启示

数字乡村建设是乡村振兴的战略方向,更是数字中国落地的重要支撑。围绕扩大内需、加快要素流动、顺畅国内大循环的紧迫需求,推进数字乡村建设提档升级已迫在眉睫。数字城市在市场空间、发展环境、核心技术、监管保障等方面形成了良好的基础和优势,成为数字乡村发展的核心引领和重要保障。数字乡村建设就是让乡村依托数字经济的发展，以现代信息网络为载体，以数字技术创新为乡村振兴的主要驱动力，进而实现乡村生产的数据化、乡村治理的数据化和乡村生活的数据化，不断提高传统产业数字化、智能化水平，加速重构经济发展和农村治理模式的新型经济形态。以数字产业化和产业数字化为发展红线，把乡村作为主战场，将互联网大数据、人工智能与农村产业深度融合，积极培育新产业、新业态和新模式，大力打造数字化乡村发展新模式。

数字乡村建设是数字中国建设的重要组成部分，更是实现乡村振兴的有效手段。从全国来看，长三角地区是我国数字经济最为发达的地区，数字经济规模占到全国的30%。目前互联网和数字经济加快下沉的趋势十分明显，农村发展将迎接一次重大的变革。支山村以乡村振兴为核心目标，通过产业数字化、治理数字化及服务数字化等多项举措，建设一批数字乡村的典型示范区，为全省各地的数字乡村建设积累了宝贵经验。

数字乡村建设要着力完善乡村信息基础设施，建设更高速率和更快处理速度的乡村通信技术网络。在提升软件质量的同时，逐步优化乡村网络的硬件设备质量，加强5G网络在农业生产、加工和销售等众多环节上的应用。

数字乡村建设要整合相关平台资源，为村民办事提供一站式服务，有效缩减复杂且多余的手续，全面提升在线行政服务的智能化水平。尤其是对那些不能够熟练使用智能手机的农户，更要开展有针对性的培训，帮助他们掌握基本的使用方法。

数字乡村建设要高度重视人才的作用，以多重政策来吸引和培养人才，争取留住人才，在薪资、教育和医疗等多方面建立具有高度竞争力的待遇体系，为引入的人才分配与其专业能力高度契合的岗位，开辟合理的人才晋升渠道。

慈乌古村复繁华，数字赋能助振兴

金村积极响应张家港市国家级数字乡村试点和苏州市智慧农业国家级试点工作要求，对标中国历史名村建设要求，在用好上级部门下沉的各类信息系统基础上，结合自身需求，利用数字技术不断创新传统文化的表达方式，让数字赋能乡村治理、村民服务、农业产业发展和一二三产业融合发展，扎实稳固地推进智慧金村建设。

▶▶ 一、基本概况

金村是历史文化古村，位于张家港塘桥镇东南部，全村总面积10.2平方千米，耕地面积8400亩；有63个村民小组，总户数2098户，常住人口7598人，新市民2500多名；有工业企业100多家；有党员292人，党委下设18个支部；村级可用财力超千万元。金村人文历史底蕴深厚，党建、非遗、古村文化等诸多要素齐全，拥有江苏省不可移动革命文物"园茂里"和11处市级文物单位，金村庙会被列入国家级非物质文化遗产名录。金村始终坚持走"文化立村、经济强村、旅游兴村、生态美村"之路,坚持一二三产业融合发展,先后荣获"江苏省最美乡村""江苏省三星级康居乡村""江苏省生态村""苏州市文明村""苏州市廉洁文化示范点"等荣誉称号。

二、主要做法和成效

(一)数字赋能乡村治理,提高自治管理能力

1. 建成金村政务服务大厅

金村利用江苏省政务服务事项管理系统、张家港市政务服务管理平台、张家港智慧民政综合业务信息管理系统为村民提供便民服务,推动"最多跑一次"向乡村延伸,大力推广网上办、掌上办和"一网通办"服务。

2. 建设覆盖全村的智慧安防网络

金村按照"片、组、格、线、点"的布局要求,在村主要道路、村民庭院等公共区域及村域消防重点企业、消防隐患重点区域增设200余个高清智能摄像头,并将智慧安防数据接入金村网格化综合治理分中心,有效提高了全村安防、消防的信息化管理水平。村级监控平台作为公安视频监控的补充和延伸,充分发挥网格平台统筹资源、指挥调度、督导落实的综合枢纽和实战功能,全面有效地巡查、排查、处置各类矛盾纠纷和风险隐患,为扎实推进疫情防控、道路交通安全、治安管理、信访维稳、环境治理等工作提供有效的监管保障。与此同时,打造金村警务室志愿者服务队,鼓励群众参与社会面综合治理,探索基层治理的创新方式,让基层服务更高效。

3. 注重档案资料管理

村档案室购置多媒体资源管理系统开展档案数字化、档案管理信息工作,扎实推进村务档案电子化,建成金村电子档案平台,接入塘桥镇以及张家港市电子档案管理平台,实现市、镇、村三级电子档案互联互通、按需查询。经过多年探索,金村已形成了一套成熟、有效的农村档案数字化管理的工作模式。金村档案室荣获"江苏省四星级档案室"荣誉称号。

(二)数字赋能村民服务,提高村民的获得感

开展村民电子健康档案试点。金村结合农村家庭医生工作机制,建立完善村民电子健康档案,为村民健康管理、门诊预约、疫情防控赋能。以老年人电子健康档案为基础,志愿服务者、村医生常态化开展有针对性、个性化

的老年健康管理和敬老助老活动。建成金村老兵驿站，利用数字电视机、多媒体、上级条线信息系统做好老兵服务工作，扎实推进退役军人服务工作。建成金村农民书屋，依托金村慈乌书院打造农民文化阵地，提供电子书在线阅读、图书借阅等服务。定期、不定期开展老年人IT培训，提高老年人使用智能手机的能力，让老年人更好地融入数字生活。

（三）数字赋能农业产业，促进农业提质增效

建立金村农机合作社，并将合作社视频监控网络接入张家港市农机合作社视频监管网络系统。依托华田家庭农场等新型农业生产经营主体，聚力打造金村特色农产品，大力发展智慧农业。"金村"牌大米系列产品荣获江苏省消费者信得过产品、"公正杯"首届江苏优质稻米暨品牌杂粮博览会"江苏好大米"特等奖，入驻京东商城、淘宝集市线上销售。金村华田家庭农场成员吴健先后获评2012年全国种粮大户、2018年度"最美粮食人"、2021年苏州市劳模等荣誉称号。金村农机合作社获"江苏省农机合作示范社""江苏省三级农机维修点""江苏省四星级农机专业合作社""江苏省最美农机合作社"等荣誉称号。

（四）数字赋能乡村文化，促进一二三产业融合发展

文化振兴是乡村振兴的重要组成部分，金村人不断创新传统文化的表达方式。2021年4月，中国首部全媒体村志《金村志》由江苏人民出版社出版发行。依托云平台，《金村志》引入扫码识别延伸阅读功能，集文字、图片和视频于一身，志书从无声变有声、从平面到立体、从静态到动态，图文并茂、声像并举，生动描绘出大美金村的精彩画卷，重点突出金村的"名"与"特"，充分展示千年古村深厚的历史文化底蕴、浓郁的江南水乡风情与和谐美丽的乡村风采。规划重建"园茂里1926党支部"旧址，将相关爱国主义宣传教育多媒体素材植入多媒体智能终端，通过信息化手段向游客展现园茂里红色文化。

▶▶ 三、经验启示

（一）党建引领，做好智慧党建工作

金村发挥"大党委"载体作用，释放"焰阵效能"，持续扩大"1926年中共金村支部旧址"党性教育基地和廉政教育基地的影响力，利用现有的先

锋导师等资源构建"先锋讲堂""清风活动室"等线上、线下互动教育平台。建党 100 周年之际，会同中央电视台、张家港市融媒体中心等媒体录制金村党建宣传片，通过网络化、数字化手段取得线上、线下融合的金村党建党务成果立体化宣传效果。

（二）规划先行，有序推进

金村秉承"村＋科研院所＋IT 企业共建""规划先行、分步实施"的建设思路，有序推进智慧农村建设。聘请省内专家为金村量身定制智慧金村顶层设计，把智慧农村建设有机嵌入村"十四五"规划中，实现数字技术与金村发展的有机融合和联动发展。2021 年 7 月，金村和常熟理工学院团委合作，在金村挂牌"常熟理工学院社会实践基地"，共建大学生数字乡村实践基地，先后有 50 多名常熟理工学院大学生参加金村信息化现状调研工作。

（三）IT 技术和农村工作有机融合

在智慧农村建设过程中，金村强调 IT 技术与线下点位、特色传统文化、红旅资源相结合，通过数字赋能实现"园茂里 1926 党支部"、慈乌书院、金村古街、金村苑、金村警务室、老兵驿站的数字化改造。把智慧农村建设和基层党建党务、农村治理、村民服务、农村传统及红色文化相结合，实现了数字技术和村务工作的有机联动。

（四）探索金村民情地图工作法，为农村治理赋能

金村在用好上级部门下沉的各类信息系统基础上，积极探索"金村民情地图工作法"。通过遥感、测绘、无人机调查等信息技术采集金村土地信息，建成了基于遥感和 GIS（地理信息系统）的民情地图，涵盖 3 大类 23 个图层的大数据内容，为精细化社会治理提供了软件支撑。将种、养、林、果等农业产业全部上图，实时遥感卫星持续观测，精准掌握农作物长势，为农业补贴、农业保险提供精准数据。利用民情地图形成"三优三保"（优化农用地结构保护耕地、优化建设用地空间布局保障发展、优化镇村居住用地布局保障权益）地图，精准有序地推进拆迁工作。通过拆迁前后卫星地图比对，快速便捷地化解复耕土地的划界、统计、汇总等难点、重点问题。将民情地图和金村"十四五"规划相结合，把金村规划以电子地图的形式生动形象地展现出来，为金村"十四五"规划的顺利实施提供科学有效的信息化平台。

永利智慧"云"平台助力乡村"土"产业

永利村以数字乡村建设为突破口，加快布局5G等新型基础设施建设，构建面向农业农村的综合信息服务体系和涉农信息普惠服务机制，实现数字技术与农业的深度融合，筑牢数字乡村的发展基础，推动乡村管理服务数字化，全面提高运行效率和宜居度。近年来，永利村不断提高农村居民的数字素养及农民数字化"新农具"的应用水平，加强农民对智慧数据"新农资"的运用和体验，聚焦重点领域，推动数字化服务普惠应用，让智慧数据成为农民生产的"新农资"，数字系统成为永利农村生活离不开的"新农具"。

▶▶ 一、基本概况

永利村位于张家港市乐余镇西南部，由原永安村、原永利村于2003年合并而成，全村总面积约4平方千米，耕地面积近2000亩，地势低平，水系纵横交错，通河港达长江。2021年年末，村辖21个村民小组，有992户3208人，境内有暂住人口732人。2009年升格为党委村，目前下设4个党支部，共有党员 123 人。2021 年永利村可用村级财力 2705 万元，在全市千万元村（共 77 个）中排名第 13 位。永利村拥有标准型厂房 10 万平方米左右，个私企业 130 家，产值 8 亿元。永利村每年村民福利补贴近 270 万元，现有大米、数字电视、电费、水费等民生福利补贴共计 11 项，为全体村民投保 12 万元。永利村先后获评"全国文明村""江苏省文明村""苏州市人居环境整治提升工作示范村""苏州市'十佳'休闲农业和乡村旅游精品村""苏州市'智慧农村'示范村"等荣誉称号。

▶▶ 二、主要做法和成效

（一）加强组织规划，有序推进数字建设

数字乡村建设是全面推进乡村振兴的重要抓手，做好整体规划设计是建设"智慧乡村""数字乡村"的首要任务。永利村在村级"十四五"规划中，制定数字农业农村发展相关规划和数字乡村建设的实施细则，做到与顶层设计有效衔接、与不同时间段经济发展协同配套，确保数字乡村建设的科学性、可操作性、可持续性。

（二）夯实基建，持续提供建设效能

农村新型基础设施建设是数字乡村建设的重要支撑，决定着数字农村建设的厚度和广度。

1. 开发"智慧永利"APP

永利村智慧农村主体 APP 平台"智慧永利"APP 有 33 大类 134 小项内容，将农业农村服务数据全部收录。APP 平台集中展示资源中心、特色党建、微治理、特色产业、数据分析五大功能，从智慧农业（农业信息）、智慧工业（企业信息）和智慧服务（村级信息）着手，提升数字化、标签化收集数据水平，便于数据查询和业务办理。永利村集中全力将"智慧永利"打造成具有乡村智慧特色、实际运用典范的乡村智慧数字平台样板。

2. 推进数字化项目进程

永利村将快递网点延伸至村内，加大对农村电商发展的支持，解决农村快递物流"最后一公里"的问题；全村 4 平方千米，初级覆盖监控探头 200 余个，创造"平安乡村"典范；完善网络覆盖等硬件条件，推动农村农田、水利、物业、农业生产加工基础设施的数字化、智能化转型，推进智慧水利、智慧农业、智慧平安乡村的建设。

（三）借助热度，注入新生活力

1. 利用新技术、新业态，为数字乡村建设注入新生力量

数字乡村建设，离不开新技术、新业态的叠加推进作用。永利村借力"互联网+"，推动农业产供销全链条数字化升级。通过直播、录播来突破地理界限，让田间地头的农产品走上城市餐桌，成为大家眼中的"近在咫尺"，帮助农民增收，把"助农兴村"当成经常性工作，为数字乡村建设提供新动力。

2. 把社会化、网络化的运营理念带到农村

永利村依托农文旅项目平台，创新启动永利品牌IP——"永利小阿姨"，在运营过程中展现乡村生活，分享农副产品、美景及园区日常，吸引流量，带货土特产。坚持党建引领，以百企联村2.0项目为新的发力点，因地制宜地让"实业兴村、乡风润泽、联动发展"的多产共融成为永利村最鲜明的印记，打通全面振兴、农民致富的"最后一公里"。2019年园区线上销售实现销售额85万元，2020年园区线上销售实现销售额188万元，创造了单日销售瓜果7500千克的纪录。

▶▶ 三、经验启示

数字、网络与农村的结合，归根结底是为农民提供更高效、更便捷的服务，为经济发展提供更畅通、更高效的发展渠道，更便捷、更直观地向外界展示乡村。

（一）便捷、系统的数据化管理带来服务变革

农村推进新型智慧设施、物联网感知设施、通信系统等基础设施建设及智能化改造，将进一步完善信息模型平台和运行管理服务平台。

在数字乡村系统的全数据、网络化支持下，农村基层将可直接对接公共服务机构，实现服务到家门、政务落实到基层的目标，扩大优质公共服务资源辐射范围和便民惠民智慧服务圈，提供线上、线下融合的公共服务。健全的村级公共数据资源体系可以推进数据跨部门、跨层级汇聚融合和深度利用，有利于加大村级政务信息化建设统筹力度，完善政务信息化项目清单，持续深化政务信息系统整合，提升跨部门协同治理能力。

(二)高效、智慧的拓展渠道加快经济发展速度

结合产业特色,建设服务自身发展的数字化系统。在物联网基础建设、政务服务内容、农业系统、居民自治、网络安全等众多项目的集成下,以农文旅产业融合为重点,打造数字运用新板块,助力农业特色化产业升级、三产融合衔接。加大开放共享和应用力度,推进线上、线下公共服务共同发展、深度融合,通过农文旅项目公众号鼓励游客及村民共同参与"互联网+公共服务",创新提供服务模式和产品。畅联云端服务,描绘农村"元宇宙",将数字化融入农村,推进农村产业横向融合,催生农业新业态;推动农村产业纵向融合,孵化农产品销售新渠道;注入农村互动新活力,掀起注能增效新革命。

(三)畅通、多变的展示方式提供多元对话可能

实施新型职业农民培育工程,不断提升农村劳动力数字化水平和能力至关重要。永利村在"数字永利"平台上为新一代农民提供新的交互方式,开辟新的交流窗口,村民可在平台上关注村庄动态、开展积分兑换、发布需求投诉,契合了数字化社会的发展趋势,这是农村更有活力、更富现代气息、更具人气的第一步。更重要的是要让数字技术全面融入农村日常生活,促进公共服务和社会运行方式创新,构筑畅享的数字生活。永利村充分运用数字技术,聚焦教育、医疗、养老、文旅、就业、文体、民生等重点领域,持续提升群众获得感,让农村在当下的网络社会鲜活表达、精彩呈现自身的特色。

为美丽常东插上"数字翅膀"

常东社区聘请常熟理工学院专家制订常东社区智慧农村顶层设计规划，设计智慧农村建设整体架构，部署重点建设项目计划，有序推进智慧农村建设。常东社区依托常阴沙智慧农村大数据中心及常阴沙智慧农业公共服务平台，实现农业产业大数据的可视化，为农业发展、农产品营销提供决策支持，为美丽乡村插上"数字翅膀"。常东社区从村民服务均等化、数字治理、智慧农业等方面全面提升基层信息化水平，打造智慧农村示范样板。

▶▶ 一、基本概况

常东社区位于张家港市常阴沙现代农业示范园区东南部，由原十六工区和十八工区合并而成，总面积4.6平方千米，其中耕地面积5505亩，社区辖11个村民小组，总户数783户，常住人口2254人，流动人口87人。社区现有工作人员11人，其中在编干部6人、群团干部5人。社区党总支下设3个党支部，有党员74名。经过多年建设，常东社区宽带网络入户率超过90%，数字电视入户率达到95%。2018年建成的益农信息社，坐落于社区办公楼一楼大厅，配备有电脑、宽带和专职管理员，接入张家港市农业农村局和省市农技远程培训系统，为社区居民提供农业信息服务。社区各条线工作采用上级部门下沉的信息系统，将村委办公数据托管到张家港市政府云平台，实现了村委办公数据与张家港市大数据中心信息的互联互通。推广应用张家港市民生档案信息共享平台，充分发挥村民电子档案在数字乡村建设过程中的数据赋能作用。社区先后获得"江苏省康居示范村""苏州市三星级康居乡村""苏州市文明社区""苏州市'智慧农村'示范村"等荣誉称号。

▶▶ 二、主要做法和成效

常东社区依托张家港市美丽乡村管理平台，建立美丽乡村常态化管理机制，用数字赋能、让数据跑路，扎实推进智慧政务、数字治理、产业升级等各项工作。

（一）党建引领乡村治理

常东社区秉承党建引领农村基层治理的理念，依托全国党员管理信息系统、学习强国APP、苏州智慧党建信息管理系统、苏州基层党建信息平台、张家港智慧党建平台，做好农村、社区党建党务各项工作。

1. 建设智慧安防系统

常东社区按照"片、组、格、线、点"布局要求，在社区主要道路、村民庭院等公共区域增设6个高清智能摄像头，建成了覆盖全社区的智慧安防网络系统。将智慧安防数据接入张家港市网格化综合治理中心常阴沙分中心、张家港市应急管理综合应用平台、消防安全331治理机制大平台，有效提高农村社区治理、应急管理、安防消防的信息化管理水平。同时，用好、用足国内中高风险地区及入境人员解除隔离后的健康管理系统、社区防疫管理系统，加强疫情防控的信息化水平，提高疫情防控的精度和执行力。

2. 切实做好"互联网+村务管理"工作

常东社区充分发挥网上村委会、苏州市基础廉政监督平台在村务公开、通知公告、疫情通告、便民服务、廉政监督中的作用。通过"福村宝"管理系统进行村务财务公开，拓展村务财务公开的互联网渠道。探索村民积分制，建成常东社区积分超市，建立村民积分电子台账，提高村民参与村务、民主监督、美丽乡村建设的积极性与主动性。

3. 畅通基层民主监督渠道

常东社区居民可以通过苏州市基层廉勤监督平台在线反映自己的诉求，如发现基层干部工作作风、廉洁自律等方面的问题，点击"检举举报"，进入12388举报网站反映问题；如遇到涉及民生方面的操心事、烦心事、揪心事，可以点击"民生事项"反映问题，并在网站内实时查看处理进度。

（二）服务均等提质增效

1. 建成社区政务服务大厅

常东社区利用江苏省政务服务事项管理系统、张家港市政务服务管理平台、张家港智慧民政综合业务信息管理系统为居民提供便民服务，大力推广网上办、掌上办和"一网通办"服务，推动"最多跑一次"向乡村延伸。

2. 关爱老人，开展个性化养老助老活动

常东社区以民生电子健康档案为基础，通过张家港市残疾人信息管理系统、尊老卡信息申报系统、张家港市亲情（虚拟）养老院，开展个性化的养老助老活动。建成农村社区居家养老中心，购置足腿按摩器5个、护膝按摩器5个、电子血压仪1个、跑步机1台、椭圆机2台、动感单车2台，年服务人数约4000人次。以社区为依托，以居家养老服务系统为支撑，以智能终端和电话热线为纽带，整合社区养老服务设施、专业服务队伍和社会资源，重点打造以"呼叫救助、居家照料、健康服务、档案管理"为中心的智能居家养老服务网络，为老年人提供综合性的养老服务。

3. 切实发挥网络平台和管理系统的作用

常东社区利用江苏省人口和计划生育综合信息平台、江苏省流动人口卫生计生服务管理系统、江苏省计划生育药具管理信息系统开展计划生育服务、计生物品发放和流动人口计划生育工作。通过张家港市残疾人信息管理系统，摸清辖区内残疾人的情况和具体需求，有针对性地开展残疾人帮扶系列活动，获得了辖区内残疾人的一致好评。利用常阴沙云媒体中心有线电视平台，为社区农民、农业大户、农业企业提供政策解读、农技服务、科技科普、文化服务、健康体育等信息大餐。建成常东社区农村普惠金融综合服务点，为居民提供便捷、实用的金融服务。

（三）特色产业助推经济发展

常东社区以"绿色化""信息化"为核心，扎实推进社区绿色发展、农业提质增效、产业转型升级，为社区腾飞插上科技的翅膀。

1. 树立科学植保、公共植保、绿色植保的理念

常东社区以农机专业合作社为主要形式，在稻麦示范方范围内实现植保、管理统防统治。通过创新种植蜜源植物、悬挂诱捕器等农作物病虫害全程绿色防控技术，实现病虫综合治理、农药减量控害，促进农业绿色可持续发展。

2. 大力发展智慧农业

常东社区建设病虫害测报监测点、水源监测点及大田视频监测点，实现大田作物管理的信息化、智能化。将辖区内的瑞和种养专业合作社、江苏力拓生态农业有限公司等农业企业的物联网数据接入常阴沙智慧农村综合服务平台，实现种植养殖环境监测、病虫害防控、农产品溯源的数字化和信息化管理。建立常阴沙稻麦种植电子地图，以田块为最小管理单元，结合移动端应用，完成园区水稻、小麦种植全程管控，实现田块级别的生产过程精准管理。建立智慧农机管理系统，提供稻米、小麦大田生产耕、种、管、收全过程农机作业面积、效率、质量等过程的监管服务，全面提升农机作业管理智能化与精细化程度。

3. 利用互联网，助力农产品营销

常东社区利用常阴沙园区的农产品智慧营销体系，开展线上线下融合的农产品营销工作。农产品智慧营销系统由优质农产品产能汇聚与发布、会员制农产品营销管理、优质农产品营销支撑三个模块组成，可实时汇集常阴沙绿色稻米、设施园艺、滨江水产以及周边地区特色农产品的产能信息，并向规模采购商、目标消费人群进行集中展示，提供一种快速、便捷的农产品销售及采买模式。结合常阴沙联农合作社营销模式，依托微信公众号，建立会员社区，向合作社目标消费人群展示、推送常阴沙优质农产品信息，提供一站式会员电商服务。整合常阴沙优质农产品生产供应链数据，形成农产品全流程电子档案，向即售、预售场景提供常阴沙优质农产品质量安全档案，实现优质农产品供应链数据支撑下的在线营销。

▶▶ 三、经验启示

（一）强化技术赋能，促进产业融合

通过数字乡村建设助力共同富裕，充分利用新媒体，打造各类网红产品、网红打卡地，加强农业与旅游业、文化产业融合发展，建立层级更高、结构

更优、可持续性更好的乡村现代经济体系。

（二）激发内生动力，实现共同富裕

数字技术是激发农村内生动力的重要引擎，可以快速促进人力资本返乡驻村，大大增强居民的发展信心。只有居民热情高涨，开拓创新意识强烈，干事创业氛围浓厚，内生动力充足，才能实现农业农村创新发展，实现更高水平的富裕。

（三）加强干部培训，增强发展本领

加强干部培训，有针对性地开展提升数字技能的相关培训，同时经常组织基层干部实地参观考察数字乡村建设走在前列的地区，学习先进经验，引入有益探索，并将其转化为乡村发展的优势。

赋善以"智"，助力乡村振兴

善港村把建设数字乡村作为促进乡村全面振兴的切入点，以"精确、精准、精细"为导向，加强数字科技创新在农业产业转型升级中的运用，打造数字化管理服务平台阵地，积极推进农业农村数字化转型，加快构建信息化、数字化、智慧化乡村发展新格局，努力实现乡村数字治理、数字兴业、数字惠民。一幅"数字美田园，慧享慢生活"的乡村数字服务新画卷正在善港徐徐打开。

▶▶ 一、基本概况

善港村位于张家港经济技术开发区（杨舍镇）西部，由原善港村、五新村、杨港村、严家埭村合并而成，村域面积9.07平方千米，辖36个自然村、59个村民小组，现有户籍村民8200多人。近年来，善港村始终着力推进农业农村现代化建设和乡村振兴发展进程，先后获评"全国脱贫攻坚先进集体""全国民主法治示范村""全国乡村治理示范村""全国'一村一品'示范村""江苏省生态村""江苏省文明村""苏州市'智慧农村'示范村"等荣誉称号。

▶▶ 二、主要做法和成效

（一）完善基础设施，加快实现数字化

1. 网络基础设施逐步完善

善港村利用5G、人工智能、云计算等现代技术大力发展智慧农业、智慧交通、智慧水利、智能电网、智慧村务，推动数字技术与农业农村发展各领域深度融合，加速构建现代农业产业体系和新型农村治理模式。当前，除部分老年过渡房外，善港村宽带网络入户率为100%，村域内已经实现5G网络覆盖率96%，数字电视入户率达到100%，为推进善港村智慧农村建设提供了有力支撑。

2. 信息服务设施愈发健全

善港村已建成一个有设备、有专业农业人员、有宽带、有专门网页、有持续运营能力的益农信息社。善港村依托益农信息社开展便民服务，为农民提供农业生产等方面的技术指导和资金帮助，2021年1月至7月，服务累计超过5000人次，服务累计金额达到123.35万元。

3. 数据支撑中枢更加立体

善港村建成了村级综合系统，根据不同的人群特点有针对性地提供渠道，实现PC端、移动端、电视端三屏联动。基于GIS和大数据技术，全方位实现基础设施、空间布局、网格管理、人房管理等数据集中可视化展示。建设村级基础数据库，涵盖基础数据、乡村治理、农村经济、智慧农业等10多个方面的农业农村数据资源，实现业务联动。基于村级基础数据库，聚焦乡村治理中的人、财、地要素，构建覆盖乡村规划、经营、环境、服务等内容的乡村治理数字化平台，动态掌握乡村生产、生活、生态发展态势。利用接入政府大数据平台数字底座的相关基础数据资源，实现数据之间的共享和交换。构建善港村智慧农村平台安全防护系统，实现对智慧农村平台及应用的安全管控与防护。

4. 未来建设规划方向清晰

善港村将智慧农村建设规划融入村庄整体建设规划，打造有机农业、农文旅融合、生态宜居三大智慧示范板块，推动乡村智慧基建、有机智慧农业、智慧教学、休闲旅游智慧转型、生态宜居智慧转型、数字治理、网络文化等

方面的建设，力争构建一批融合度高、特色性强的智慧应用示范场景。

（二）突出数字利民，实现治理精准化

1. 为智慧绿色乡村建设提速

善港村开展人居环境监测，加强生活垃圾分类管理，在垃圾投放和回收时采用简单易行的智能化手段，并对村民进行引导和监督。开展生态环境监测，在户外气象、土壤墒情、河湖水质等方面进行智能化监测，并积极推进数据资源整合。开展气象监测，在农业基地、工程建设施工场所等重点要点位部署小型气象站和空气质量监测站，实现对善港村气象、空气质量的实时监测，为防灾减灾、环境治理提供重要预警数据。开展河湖监测，连接市河长制平台和镇圩区信息化管理平台，实现对污染河道的及时截流、防汛排涝、农田灌溉等功能。

2. 数字治理效能稳步提升

善港村将智慧农村平台移动端应用与市综合治理联动平台对接，实现多部门联动协同的精细化工作模式。在智慧农村平台中建立村民积分信息模块，制定积分规则，利用积分机制提升村民的参与度和获得感。在村庄主要场所基本实现监控全覆盖，利用张家港市监控视频联网共享平台，强化治安联动。依托地理信息平台建设民情地图，以可视化形式分为数据中心、农业场景、特色产业、智慧党建、视频监控、乡村治理等模块，实现基层治理要素在地图上的直观呈现和综合应用。

3. 数字党建引领作用突出

善港村建设党建引领基层治理平台，打造党建业务、党政融合、基层治理服务三大平台，实现党务、政务、服务"三务"融合，切实提升党建引领基层治理能力水平。将农村党务工作线上线下相结合，实现善港村智慧化农村党务管理应用场景，线下在善港村民学校通过党建综合展馆、党员实境课堂、党性体验中心、党群创意空间四个功能区展示张家港市党建发展历程和工作亮点；线上实施善港村党支部"堡垒指数"和党员"先锋指数"考评管理办法，实现党支部"堡垒指数"、党员"先锋指数"信息化管理。

4. 数字村务管理彰显自治

善港村利用江苏省、苏州市、张家港市三级"三资"（资金、资产、资源）管理服务平台，实现农村集体"三资"的保值增效。利用江苏省集体建设用地审查平台，为村民办理农村土地、集体经营性建设用地、宅基地的相关业务提供智慧化服务；同时，善港村以多种渠道进行村务公开，畅通党群沟通渠道，规范小微权力运行，完善参与基层社会治理的渠道，推进乡村基层治理的现代化。

（三）聚焦数字惠民，实现服务均等化

1. 政务服务"一网办"

善港村建立便民服务中心，配备数字化服务终端设备及工作人员，明确"一口受理"服务制度，推进社保、计划生育、"善福康"等民生保障审批办理，依托张家港市政务服务管理平台帮村民办理各项公共服务事项，利用智慧农村平台、福港家园公众号为村民提供日常生活类事项线上服务。

2. 生活服务"在指尖"

智慧教育方面：善港农村干部学院运用录播录课、远程教育等数字化手段开展"线下培训+线上辅导"。建设"智享"田园书屋，配有借书设备、智能听书设备、健康监测设备、定制观影室等，提供智慧课堂、日常学习等公共服务场所，为村民带来了良好的阅读体验。智慧医疗方面：推出并运行全市首个村级医疗互助基金试点项目——"善福康"，致力解决因病致贫、因病返贫等难题，村民可在移动端APP直接帮自己以及家人提交材料，办理相关服务。"善福康"成了村民的"第二医保"，截至2021年年底累计惠及村民4000余人次。智慧养老方面：基于张家港市大数据局共享交换平台获取老人医疗数据，构建社区养老人流量分析平台，建立大数据档案。建立居家养老服务点，推行养老服务时间银行，赋值服务时间，普及"预存养老"的价值理念。

（四）围绕数字富民，实现产业特色化

善港村2011年成立土地股份合作社，2013年成立村办集体企业江苏善港生态农业科技有限公司，同年成立农民专业合作社，全村超过98%的土地入股合作社，经营总面积达到5350亩，实现了"提篮小卖"向集约化、市场化经营的转变。善港村坚持"取地于民，回馈于民"，将数字技术与农业农村现代化深度融合，开发应用农业物联网平台"超级大脑"，初步形成了较为完善的数字农业技术体系、应用体系和运行管理体系，实现了农业生产的自动化、智能化，节本增效效果显著，极大地提升了土地经济效益，提高了村民农业收入，稳步推进了农业农村现代化的实现进程。2021年6月，江苏省召开数字农业农村工作会议，善港农业入选江苏省智能农业百佳案例。

▶▶ 三、经验启示

（一）党建引领强保障

善港村始终把数字乡村建设作为基层党建工作的重要内容。只有强化党建引领作用，以"党建＋数字"为核心，运用信息化技术，把数字乡村放入乡村振兴大局中通盘谋划考虑，培育数字化带头人，让支部行动在一线、党员作用发挥在一线，才能形成"一个中心，总体布局，分步实施"的数字乡村建设体系。

（二）精准定位办实事

善港村的数字乡村建设始终以为民服务、为民办事为出发点和落脚点。数字乡村建设必须从村情实际出发，瞄准乡村治理痛难点，补足乡村发展薄弱点，深刻思考、精准把握全村存在的共性问题和群众急难愁盼的问题，运用数字化、智能化手段，将更多服务变得便捷、贴心，把数字便民、数字惠民落到实处。

（三）数字治理融发展

"治理有效"是乡村振兴战略的总要求之一。要积极把数字乡村建设融入基层治理，加强数字乡村治理整体布局，全面推动数字化转型向纵深发展，加快推进乡村自治、法治、德治、智治等融合发展，协同推进乡村治理现代化，让乡村治理变得更加可视和高效，以数字乡村促进农业全面升级、农村全面进步、农民全面发展。

数字开启李巷"乡村智治"新未来

李巷村持续深入探索数字赋能乡村振兴发展的有效路径，不断开辟新时代乡村智治新境界，在"智慧乡村"APP手机端覆盖、民情小店常态化运营等关键领域，坚持问题导向，实现同向发力，让数字化带来的好处真正惠及广大人民群众。当前，李巷村数字赋能乡村振兴的路径已经逐渐清晰，依托大数据应用重塑的基层治理新体系已经基本完成，"数字李巷"管理服务品牌已经得到较好认可，有效推进了农业农村现代化建设。

▶▶ 一、基本概况

李巷村位于张家港市经济技术开发区（杨舍镇）最南端，与江阴市接壤，村域面积7.09平方千米，下辖58个生产小组，常住人口6800余人，外来人口1.3万余人。近年来，村党委围绕"产业兴旺、生态宜居、乡风文明、治理有效、生活富裕"的总方针，将改善农村人居环境作为深入推进乡村振兴战略的切入点、突破口，按照"示范先行、样板引路、宅基推进、整村覆盖"的建设思路，基本实现路灯亮化、庭院美化、道路绿化、墙有文化的"四化"目标，得到了上级领导和广大人民群众的普遍认可。为坚决贯彻落实市委、市政府关于高标准推进"数字乡村"建设的决策部署，李巷村紧紧抓牢党建引领、治理有效、数字赋能三个关键，扎实推动"大数据应用＋乡村治理""互联网平台＋村级发展"两个融合，全力将"数字李巷"服务品牌打造成为富有新时代特色和示范引领作用的"乡村智治"新样板，成功创建苏州市首批"智慧农村"示范村。

二、主要做法和成效

（一）基层党建引领数字创新

李巷村坚持将强抓基层党建贯穿于农村人居环境整治的全过程、各环节，重点突出"支部就是堡垒，党员就是旗帜"的责任意识，充分调动并发挥基层党员的主观能动性和示范带头作用，确保整治提升工作取得实实在在的成效。

1. 强化组织领导

李巷村将农村人居环境整治作为村党组织书记的"一号民生工程"，广泛凝聚村干部、基层党员、网格员、物业、村民等各方面力量，按照"以点带面、分步实施、有序推进"的工作原则，每周定期开展"美美乡村"志愿服务活动，用实际行动引导村民理解、支持并参与到整治工作中来，提高村民的卫生意识、文明素养和主人翁姿态。

2. 构建数治体系

李巷村上线运行"智慧乡村"APP，打造"智慧李巷·工分制"农村人居环境整治党建服务品牌，通过"网格自治"模块，实现网格内问题可视化、整改快速化、办结闭环化，着力压降问题处置时间，不断拓展延伸"数字治理"覆盖范围和服务触手。

3. 深化群防群治

李巷村不断丰富新时代文明实践站的功能，设立"党员先锋岗"，成立"巷"阳先锋志愿服务队。投入20余万元，新增"智慧小喇叭"50个，覆盖23个农村宅基，在加大宣传引导力度的同时，实时共享整治动态，确保干群之间在思想上同频共振，整治上步调一致。尤其在疫情防控期间，"智慧小喇叭"在开展底数排摸、筛查重点人员、发动核酸检测、推进疫苗接种等方面也发挥了重要作用。

（二）以人为本夯实文明基础

农村人居环境整治关键在农民，培育农民健康卫生的文明意识是深入推进农村人居环境整治的重中之重。

1. 明确考核体系

李巷村充分发挥村民在环境整治工作中的主体作用，制定线上工分考核"负面清单"，在全市率先试行"工分制"大数据管理模式，将"积分银行+环境整治+红灰榜单"线上考核与工分兑换线下激励紧密结合，推进基层自治、法治、德治、智治、善治"五治融合"，形成多方参与、齐抓共管的乡村治理共促共荣体。在2021年全国"村长"论坛上，"乡村智治"李巷模式被作为典型案例进行宣传推广。

2. 转变治理理念

"工分制"试行以来，基层干部、广大村民都得到了实惠。就基层干部而言，从原先繁重复杂的基层事务中得到了解放，腾出更多的时间、精力投入村级经济发展，加快推动了产业转型和项目落地，增进了民生福祉。就广大村民而言，参与基层自治的途径更多、范围更广、感受更强，彻底改变了"党员干部干，村民群众看"的被动局面，在共享良好居住环境的同时，进一步密切了干群关系。粗放式基层治理正在向着精细化、专业化、智能化、高效化方向不断转型升级。

3. 广泛宣传发动

为了预防农村人居环境整治可能带来的矛盾问题和不利影响，李巷村党委在相关工作启动之前，先行抢占"舆论高地"，采取灵活多样的宣传方式，营造整治氛围。为了体现工作温度，村党委精心打造了"民情小店""板凳夜话"等民生微服务阵地，把政策措施送到村民身边，把群众诉求收集到领导案头，分类分步加以研究解决。累计拆除乱搭乱建近1万平方米，清理散养家畜点位59处，清理河道沟塘8条，新增农家菜园165处，新增民房彩绘6000余平方米。

（三）项目运作助推常态长效

数字治理"工分制"已经成为李巷村巩固、提升农村人居环境整治成效的重要手段，实现了工单采集、流转跟踪、考核监管、整改闭环的全程智能化运作模式。

1. 工分机制项目化推进

李巷村持续丰富农村人居环境整治内涵，深入开展"三好家庭"评比、美丽河道创建、绿色田园共建、水美乡村体验等活动，把村民对美好生活的心中愿景转化成现代乡村的现实场景，着力绘就天蓝、地绿、水清的"李巷振兴"新画卷。

2. 数字治理长效化运作

李巷村将农村人居环境从运动式整治转变为常态化提升，村党委带头做好"门前三包"工作，配套制定并落实垃圾清运、卫生管护、人员管理等长效考核制度，组建以村民小组长、村民代表为主要成员的工作督查组，常态化开展集中检查、随机抽查、重点督查，确保环境整治落在实处，体现在成效上。

3. 智慧乡村创新化探索

李巷村依托"智慧乡村"APP平台，通过梯队式培育、导播式植入、助燃式跟进、叠加式稳固等措施，进一步保持"工分制"奖励激励的活力，提升基层自治水平。将整治行动从主干道路沿线向庭院家前屋后延伸，重点引导广大村民自觉养成健康卫生的良好生活习惯，有效推动村容村貌不断展现新变化、获得新提升。

▶▶ 三、经验启示

（一）打造5分钟党建服务圈

李巷村先后经历3次村域合并，村庄规模大、人口流动性强、居住环境乱等现实状况均给深入推进乡村精细化管理带来了较大挑战。

面对这些难题，李巷村迎难而上，创造性地在虎泾口、刘市口、河头口3个地方开设"民情小店"，从区位看，3个"民情小店"点位，正好构成一个"铁三角"，辐射出一个5分钟党建服务圈。李巷村将进一步升级"民情小店"功能，并进行点位之间的有效串联，通过缩短路程距离来拉近心理距离，让基层干部对百姓的服务更贴地气、更具温度。

（二）激发工分制新活力

受生活习惯、人员比例、知识结构等因素制约，大部分村民对于新生事物接受度不高，掌握性不强。为此，李巷村积极拥抱数字化，探索出"乡村智治"新模式。积极尝试用一些人民群众喜闻乐见、容易接受的形式来推进好"数字乡村"建设工作，让村民既有"面子"，又有"里子"，真正把"工分制"凝聚广大村民积极参与的内生动力激发出来，为更快、更好、更高质量地推进"乡村振兴"注入源源动力。

（三）催生数字化新场景

李巷村将基层党建、行政审批、公共事业、社工服务等方面的资源进行深入整合，切实做到链接落地，向管理专业化、服务精细化、运作高效化方向转变。对原先的李巷酒家进行惠民化改造，形成新时代便民惠民的新阵地。着力把线上虚拟和线下阵地紧密结合起来，真正做到线上有内容、线下有活动、项目有支撑、成效有影响，探索形成一批数字化催生的新场景，让广大村民有更好的体验、更大的实惠、更丰满的幸福。

"智理"南港云科技,"慧享"生活新姿态

南港村深入贯彻落实党中央的号召,利用现代科技搭建南港村智慧管理与服务平台、智慧村务数据中心和管理中心,利用智慧城市数字底座共享平台集合南港村村民数据、资产数据、资源数据、地理信息数据、网格数据、视频数据等,用可视化数据分析的方式呈现南港村发展情况、村务情况等,围绕乡村治理、智慧农业、数据互通、数字经济提供相关功能服务,全方位推进南港村乡村全面振兴。

▶▶ 一、基本概况

南港村位于张家港市锦丰镇西南部,地处长江之滨,毗邻一干河生态廊道西侧,区域面积3.8平方千米,有18个村民小组,总人口1890人,外来人口120余人,耕地面积约2281亩,人均超过1.2亩。村内生态环境优良,水资源充足,灌溉水质良好,适宜种植高效经济作物。近年来,南港村围绕"农"字和"水"字,开展提升村庄风貌、美化环境卫生、完善配套设施、产业升级发展四大方面的建设。全村努力发展特色产业、绿色农业,粮食作物种植近1000亩,区域内设施蔬菜种植约600亩,有福元高科铁皮石斛生态园、金沙洲壹号庄园、省级家庭农场等农业特色产业。2021年,南港村被评

为"苏州市'智慧农村'示范村"。

▶▶ 二、主要做法和成效

（一）"一图"尽收眼底

南港村利用智慧农村平台串联呈现"智慧农村一张图"，村委工作人员可实时掌握全村域范围内的道路、河道、大田、生产场景等的情况。

1. 整村推进智慧农业场景建设

南港村打造金沙洲壹号庄园、福元高科、水稻田、省级家庭农场四大农业特色场景，串联各类实时传感器、溯源系统、物联网管理系统和水肥一体化智能灌溉系统至"智慧农村一张图"中，对植株进行全方位、多角度的数据采集和大数据分析，全程构建植物生长模型，引导智能装备实现病虫害防治、采摘、田间管理等各项操作。通过数字化手段，实时掌握生产场景各种生产信息，及时做出判断，以"智"增效，推进农业智慧生产管理和农业技术装备智能化发展，实现集约、高产、高效、优质、生态、安全的农业生产目标。

2. 发挥"组织吹哨、全民行动"机制作用

南港村组建村民、网格员、村委干部互联互通、共享共治的"智治"管理架构，依托智慧农村平台，绘就"人在格中走、事在网上办、网格全覆盖、服务零距离"的乡村智治"一张图"。南港村通过"一张图"，将全村情况尽收眼底、全部掌握，用"智治"做到了事半功倍。

（二）"一码"掌上办理

南港村把"云上智慧码"创建到每家每户家门口，村民足不出户，通过手机扫码，在掌中即可轻松办事，达到"小事不出门，大事不出村"的效果。在"码上办"数字平台专设民生民忧通道，为群众提供村务动态、政策资讯、村民积分等信息。制定线上"银行"管理及"南港币"奖励制度，将积分与村民福利深度挂钩，引导村民主动整治家前屋后，提高村民参与村委工作的归属感和人居环境整治的积极性。村民可通过智慧码随时登录南港村智慧农村平台了解自己家的积分情况和评比结果，及时查漏补缺，此举能大大提升村民自治的主动性，助力打造人居环境整治和农村"智理"的精治之路。

（三）"一云"启动未来

南港村云上智能平台集成"智慧农村一张图"和"智慧南港"小程序，助力南港村探索特色"智治之路"。针对村域内各项应用场景，分解目标、制定规划，对症下药，有效提升了南港村的智治效能。利用"创建生态美丽河道，争创省级幸福河湖"的契机，陆续对合兴河道、美丽河道、后套圩河道等十几条重点河道进行升级打造，着力解决荒废杂乱、垃圾清理和河坡垦种等问题，在全村河坡种植绿植，打造5个沿河休憩点位，提升沿河环境和周边村民的幸福感。强整治更要重管理。为防止出现"整治—反弹—再整治"的现象，通过数字化手段，"云"上构建河道智慧监管场景，在辖区河道安装水质检测等各类传感仪器，实时显示水位、水质、pH等数值，并在智慧农村平台上显示，方便工作人员针对各类突发状况实时预警、及时处理。同时对辖区内31条河道进行鱼苗放养，以鱼活水，生态智理，科学可持续地维护河道环境。在年末之际，将鱼分给村民，进一步提升村民的获得感，让村民积极主动地加入河道维护和人居环境整治工作中。

▶▶ 三、经验启示

（一）提升治理水平

南港村建立智慧农村综合管理平台，让村委工作人员在电脑上就可以掌握全村范围内的动态，网格事件、道路安防、垃圾分类、河道水质等内容实时掌握，一旦发现异常立即处理。同时，在智慧农村平台上接入村民日常需要办理的业务接口，村民来村委会办理业务，工作人员就可以在平台上一键办理，缩短了村民与政府部门的距离，提高了业务办理效率，提升了村务治理水平。

（二）改善村风村貌

南港村在智慧农村项目建设的过程中，对部分区域进行改造和景观提升，改善村容村貌，助力人居环境整治；在全村范围内的10个垃圾亭点位安装监控，防止村民偷倒乱倒垃圾，改善垃圾亭周边的环境。在农业场景安装智能化设备，对场景主体进行整体样貌改造，让四大农业场景在提高智能化水平的同时提升整体形象，作为特色亮点对外推荐，提升南港村的整体形象。

（三）增强村民参与意识

南港村在主要河道安装监控设备和水质检测设备，防止村民钓鱼电鱼、水质变差等情况；调动村民积极性，让村民主动参与到河道的巡查维护中来。村民可随手拍下周边不文明行为和垃圾堆放、道路损坏等常见问题，通过手机一键上传至网格事件模板，反馈至村委。乡村智治不光是简单的智能化设备、系统的集成，更是农村治理理念的创新，在一系列智能化设备和智能信息系统安装落地之后，更重要的是如何将这些东西用起来，使它们"动"起来。南港村通过网格上传、村民议事厅、一网通办、积分制等功能，将底层的智能化设备变成服务村民的工具和平台，提高村民主动参与村务自治的积极性，让村民成为乡村治理的一分子。

"云上中泾"助力产业融合发展

中泾村紧扣政策要求,结合农文旅产业融合发展的长远规划,立足实际情况,综合运用物联网、互联网、云计算等现代信息技术,实施数字乡村建设计划,以 VR 场景虚拟为展示窗口,以产业链追溯为突破,以治理提升为支撑,以服务优化为抓手,打造"云上中泾"数字乡村云平台,全领域提高数字乡村现代化水平,全方位增强村民获得感、幸福感和安全感。

▶▶ 一、基本概况

中泾村位于常熟市东北部,距市区 12 千米,204 国道穿村而过,紧邻虞山高新技术产业开发区,东与永红村相邻,南与小义村毗邻,西与常隆村连接,北与张家港市凤凰镇、塘桥镇相望。现村域面积 5.54 平方千米,全村共有 53 个村民小组,在册户数 1022 户,人口 3681 人,下设 10 个党支部,其中 6 个为网格党支部,有党员 145 名,耕地面积 3000 多亩。近年来,中泾村先后获得"全国循环农业示范基地""江苏省生态村""江苏省文明村""江苏省民主法治示范村""江苏省创业村""苏州市'智慧农村'示范村"等荣誉称号。

二、主要做法和成效

(一)建成"云上中泾"村级综合系统

1. 开发 PC 端总平台

"云上中泾"数字乡村云平台,主要面向村委管理工作,是集成了中泾村"智慧农村"项目和各条线日常工作中涉及的相关平台系统的 PC 端总平台,也是重要信息、产业概况、企业产品、特色景点等各类信息展示的总窗口。

2. 开发移动端总平台

"中泾村"微信公众号,主要面向村民、访客,是中泾村移动端总平台,是党务、村务、财务等重要信息的公开渠道之一,同时集成了 e 阳光、人居环境长效管理、农旅通、景区管理、常熟智慧健康等小程序功能。

(二)建成数字乡村一张图

中泾村主要围绕乡村资源、产业、治理和惠民服务来展示全村特色、优势和发展现状,形成数字乡村整体提升一盘棋,达到"一图全面感知"的目标,进而提高中泾村工作科学决策、精准治理、高效服务的能力。

1. 公共服务一张图

整合便民服务、文化服务、农文旅服务数据资源,形成数字乡村服务一张图,展示中泾村生产生活服务、文化教育娱乐服务、智慧农旅服务信息,体现中泾村惠民服务水平。村务管理上,展示村落分布、村落数量、村情数据、项目数据、政府补贴类和社会救助类等保障数据信息。乡村文化上,展示乡村文化信息,包括乡村由来、村名村规、风俗传承等信息。

2. 乡村产业一张图

中泾村深度学习高分卫星遥感数据,结合农业资源、主体数据,对农业资源要素(耕地、气象、水资源、主体资源等)进行精准监测,摸清农业资源底数和时空分布,更好地利用农业优势资源,发展中泾优势特色产业。

3. 农文旅服务一张图

在地图上以标签的形式对中泾村全村旅游资源分布情况进行标注,展示乡村旅游资源；对农旅中泾进行画像，展示中泾村近年来所获荣誉、村人数、介绍内容、图片、景点、宣传视频等信息。通过农义旅服务一张图，村委会能详细掌握中泾村旅游发展情况、旅游资源状况，便于规划农旅发展路线，提高中泾村村民收入。

4. 产品市场一张图

监测中泾村农产品销售情况，清晰掌握农产品销售流向，更好地利用销售数据指导生产端，生产能卖出去的农产品。产品价格模块，汇聚中泾村农产品的价格数据，实现产品的价格监测。对历史价格数据进行挖掘，建立产品的价格监测预警系列模型，包括价格波动周期模型、价格品种相关性模型、价格地区传导模型及价格预测预警模型，对价格规律进行分析，形成价格波动地图，并进行产品实时价格的监测预警和未来价格的趋势预测，为政府部门的产业调整、农业补贴、价格调控等措施提供数据依据。产品销售模块，对中泾村农产品在批发市场、电商平台等主要渠道的销售情况进行监测，掌握不同区域、不同品类农产品的销售渠道占比、销售区域流向、销售价格变化，从地图上直观监测农产品的销售区域流向和价格波动情况。产品电商模块，采集和挖掘中泾村农产品电商销售数据，结合经营主体数据，实现对产品网店空间分布、品类结构、销售流向、电商品牌、经营主体电商销售覆盖等实时监测，通过监测数据更好地引导中泾村各区域农产品电商销售的发展方向，挖掘产品销售和消费规律，指导本地产品销售。

（三）建成有机米区块链溯源体系

中泾村建成了有机米区块链溯源体系，该体系可完善农产品溯源信息管理、产品流通管理、质量监管、标识管理等功能模块，实现区块产业链全流程的信息采集与查询功能，用户可实时获取产品投入、生产、包装等信息，促进有机米实现全产业链、全生命周期的溯源可追踪，提升消费信任度与客户体验度。结合消费者关注的产品品质关键信息，建立完整的供应链绿色履历档案。以二维码为信息载体，融合区块链技术，以共建、共享、专享等多种模式快速打通质量信用企业接入质量链的渠道。建立产品数字身份证，推进产品各个环节数据的可视化和可追溯性，为不同消费模式下的消费者提供产区基地的质量安全追溯与透明供应数据支撑。

（四）打造农文旅融合示范模式

中泾村以乡村农文旅为核心发展定位，立足传统文化与农业资源，结合现有的及未来的旅游资源，通过技术开发系列应用系统软件，完成了由农旅通小程序、数字农文旅 VR、旅游景点三维建模、景区管理小程序等内容组成的农文旅融合发展体系，推动中泾村旅游产业及其附属产业向深度发展。

（1）农旅通小程序。可在线发布最新攻略、景点、美食、住宿、服务设施信息，提供游客直播、笔记、视频、游记、问答互动功能，支持现场智能导游和远程虚拟旅游，可为游客提供在中泾村附近的旅游服务，有利于带动中泾村民宿、农家乐等旅游附属产业的发展。

（2）便捷订房。整合于农旅通小程序内，游客不必下载多余的 APP，可以直接通过微信小程序查看和选择中泾村民宿。基于微信小程序的生态链，将微信的社交、公众号、支付三大体系连接为一体，实现民宿展示、民宿预订等多项功能。

（3）旅游电子纪念册。整合于农旅通小程序内，为中泾村范围内旅游景点、民宿、农家乐等地点设置专属二维码，游客通过扫码集章来完善空白的旅游电子纪念册，打卡中泾村全域旅游景点，利用游客集章活动来推动中泾村旅游纵向发展。

（4）数字农文旅 VR 建设。通过该功能实现村落资源和特色展示。基于现有的村庄全景航拍图，通过图片设计优化、图片合成等手段，叠加 VR 展示技术，构建起中泾村数字乡村 VR 场景虚拟系统，以真实的沉浸感给予用户强烈、逼真的感官冲击，还原村庄特色产业与文旅资源，增强游客乡村体验。

（5）旅游景点三维建模。将中泾村范围内的旅游景点进行三维建模，以全比例方式将旅游景点所有内容在 PC 端、移动终端（手机、iPad）以及触摸屏等当前市面上的主流终端上进行 3D 动态展示。

（6）景区管理小程序。该小程序对接数字乡村一张图的农文旅板块，村管理人员可以通过小程序查看对应景点的三维模型及视频监控，实现对景区的便捷化、可视化管理。

（7）人居环境长效管理小程序。村委选取中泾村省级特色田园乡村汤巷、杨巷作为试点，聘请志愿者对人居环境打分。志愿者到达试点区域后，根据现场情况在小程序上打分，对乱堆放、乱垦种等扣分现象进行拍摄并上传到系统，极大地简化了村委及志愿者的日常工作，在环境治理上取得了良好的效果。

三、经验启示

（一）因地制宜，发挥优势

数字乡村建设不是凭空而建的，要充分考虑本村实际和长远发展规划。只有充分挖掘本村现有资源和发展优势，在整合各类资源的基础上，进行智慧化改造，才能达到治理精准化、服务均等化、产业特色化的目标。

（二）强化管理，持续发力

数字乡村建设并非一蹴而就，前期要明确项目专人负责，切实做好项目设计、招投标、项目督查协调、后期自验等工作，经常和承建单位沟通协调，督促承建单位在建设过程中规范管理，确保项目建设任务高质量完成，并在项目建成后持续优化、完善相关功能，维护各类系统平台，确保数据安全。

（三）多级联动，取长补短

数字乡村建设不能闭门造车，在利用自身资源的基础上，更要争取各方支持。上级主管部门有政策导向，专业部门有技术优势，兄弟单位也有各自的先进经验，"他山之石，可以攻玉"，数字乡村建设是一个不断优化提升的过程，只有不断注入动力，才能让各种"智慧平台"更实用、更好用。

双浜村的数字化转型路径

双浜村村党委主动作为，积极对接派出单位，组织村里业务条线干部与信息化公司讨论开发需求，探讨疫情防控、人居环境长效管理、安居超市等常态化乡村治理工作。搭建1套基础设施（平台+网络+物联网设备）、多个基础应用、多个特色应用及3套保障机制的双浜智慧农村数字系统，以集约、实用、好用为原则，建成了数字双浜综合管理平台、数字云村小程序、双浜百事公众号3个信息化系统，基本建设完成双浜村的网络基础设施和数字支撑中枢，为乡村治理和产业发展注入了新的数字动能，为乡村数字化转型提供了双浜经验。

▶▶ 一、基本概况

双浜村位于常熟市辛庄镇元和塘西侧，南邻相城区北桥街道，于2000年由原查浜村及庙浜村两村合并而成。辖区面积4.18平方千米，全村下设18个村民小组，村民总户数1080户，常住人口3640人，共有低保户13户17

人，低保边缘及残疾家庭12户。党组织为党总支部建制，现有党员104名，下设查家浜党支部、庙浜党支部、姚家桥党支部等16个分支部。村集体资源资产少，增收渠道少，发展村集体收入手段单一，现村集体收入来源主要是二、三产租赁收入，是苏州市新一轮市级集体经济相对薄弱村。为此，双浜村主动求变，探索智慧转型路径，利用数字技术助力产业兴旺和乡村治理。2021年，双浜村被评为"苏州市'智慧农村'示范村"。

▶▶ 二、主要做法和成效

（一）完善基础设施，建设数字支撑中枢和多元应用场景

1. 完善基础设施

双浜村完善网络基础设施建设，百兆宽带、5G通信网络、数字电视已覆盖村民1007户。将益农信息社与现有服务中心合设，建成有服务制度、信息显示屏、网页、服务人员、宽带和持续运营能力的综合服务中心，累计开展益民服务1321条，覆盖全部涉农主体。依托常熟市千村美居工程，按照高标准的规划设计，对生活用电、自来水、路灯架设、路面硬化、公共厕所等设施进行统一配套建设，并栽植绿化树木，形成规划整齐、环境整洁、配套完善的生态宜居村落，村民居住环境得到明显改善。在村庄内建设70个摄像头，保障村民、村资产的安全。

2. 建设包含村级综合系统和村级基础数据库的数字支撑中枢

村级综合系统面向行政人员、村居民（含外来人口）、村企业、游客等，建成统一的数字双浜综合管理平台（PC）、双浜数字大脑（大屏）、数字云村小程序（移动端）、双浜百事公众号（移动端），提供治理、民生、产业、金融、旅游等服务；村级基础数据库则收录人口、土地、法人、房屋（含厂房）、地理信息等5个基础库（225个字段）和治理、民生、产业3个主题库。与此同时，完善数据字典、数据生命周期、数据安全等管理机制，可视化展示"数字双浜"中的数据，直观展示村庄数据治理情况。

3. 打造实用应用场景

一是宅基地出租户信息登记应用场景，租户通过扫码登记可实时更新个人信息和疫情防控信息，提升安居超市、疫情防控等网格化管理效能。二是动态智慧积分应用场景，围绕公共事务、公益服务、人居环境等方面逐步完善"美丽双浜，美丽约定"积分管理机制，引入"随手拍"功能。村干部结

合日常的村组巡查，依靠移动端的数字云村系统，将遇到的村庄环境问题拍照上传，并及时联系相关村民或清洁队伍进行处理，确保村庄环境整洁有序。

（二）利用"互联网+"，助力基层社会治理

融合村规民约、星级文明户、人居环境（含垃圾分类）、疫情防控等设置"小积分"管理模式，村干部和村民小组长日常巡查发现问题时，对照各条目进行加减分，村民也可以自主上传荣誉及问题，积极配合村庄治理。

为每家每户都装上数字门牌，通过扫描二维码即可查看门牌所属的社区服务中心、派出所，还可以实现便捷的网上户籍、身份证、居住证的申请及预约，办理出租屋、房屋中介、单位组织备案登记等业务事项，让村民足不出户便可享受网上快速登记、资料上传、业务办理、业务预约的一体化服务，完成从"以人管房"到"以房管人"的转变。数字双浜平台与上级相关条线系统均实现对接、联动，不论是村集体的"三资"（资金、资产、资源）"三地"（承包地、宅基地、集体建设用地）管理，还是养老、医疗、教育、便民等村居民高频事项，都可以在一个移动平台操作。

村干部常态化开展每日签到、入户走访、综合上报、服务走访、单位巡查、社情民意等工作，推动"大数据+网格化+铁脚板"管理。在数字云村小程序端建设"党建之家"专题模块，开发党务资讯、党建活动、党员先锋、党建精品视频等功能，并与"双浜百事"公众号、双浜驾驶舱（大屏）联动宣传、公开、推送相关信息及活动通知。

（三）规划先行，注重创新

双浜村坚持规划先行，秉承"保护性开发"的原则，将生态保护和地方历史文化内涵的发掘作为规划的重点，编制"一廊两带六片区"（元和风貌廊道，富民产业带、农文旅产业带，镇级工业区、乡村居住区、水产养殖区、水稻种植区、特色田园区、文创产业区）整体规划。重点打造姚家桥特色田园乡村，将姚家牡丹作为文化产业和农业产业相结合的纽带，并把数字乡村建设全面融入相关规划。

1. 发挥科技创新优势，创新农村生产方式

建造连栋智能大棚，利用物联网、大数据、人工智能等技术实时精准地感知、传输、获取、处理各类数据，实时精准地对果蔬生长过程和状况进行立体化、全方位的感知、分析，实时判断异常并以短信、邮件等形式进行预

警预报；同时辅以智能装备进行管控，利用实时获取的环境信息，结合生育期、季节、时间、气象等因素，实现控温、通风、补光等自动化措施。

2. 推进特色产业规模化、链条化

利用村内闲置土地与房屋打造牡丹主题传承文旅产业园，导入文创体验、产品加工与电商展销等业态，完善农产品产业链，丰富旅游消费渠道，线上线下形成联动。

3. 培育文旅创新业态

盘活空置农房，促进土地流转，增加村民经营性收入和财产性收入，推动乡村文旅产业发展，打造特色农业节庆、农业研学等各类活动以及特色农产品，丰富村庄旅游体验，让服务业向农业渗透，促进农业产业与文旅融合。

▶▶ 三、经验启示

（一）数字乡村建设是乡村振兴的重要抓手

乡村兴则国家兴。数字乡村是乡村振兴的战略方向，也是建设数字中国的重要内容。党的十八大以来，中央高度重视农村信息化建设，作为重要抓手的数字乡村建设正在整体带动农业农村现代化发展，为乡村经济社会发展提供强大动力，成为数字中国和乡村振兴战略实施的重要结合点。

（二）数字平台建设是乡村数字化治理的重要载体

当前，基于互联网、大数据、云计算和人工智能的数字平台已经成为推动数字乡村建设和乡村数字化治理的重要载体及发展方向。数字平台以开放性、多元协同性、技术性和决策科学性等特征，在推进乡村治理主体多元化、治理内容透明化、治理方式数字化等方面发挥积极作用。

（三）数字技术推动传统农业向数字农业转型升级

数字技术能够推动传统农业向数字农业转型升级，让农业更有"科技范"，为农业注入新的数字动能。传统农业生产很大程度上依赖个人经验，无法实现精准高效生产。通过运用物联网、大数据、区块链、人工智能等数字技术，可以在农业生产过程中建设相应的大数据中心、产业园区智能管理系统，进行实时监测和有效调度，在农业生产大棚中做到数字化的温湿度控制、自动化排风等，实现生产中温、光、气、土、肥、药可视化和联动控制，让农业生产更精准、更高效，发展动力更加强劲。

"科技+"共建智慧乡村,"水稻+"振兴禾美坞坵

坞坵村以习近平新时代中国特色社会主义思想为指导,围绕党建引领和乡村振兴战略,结合智慧农业、数字坞坵平台建设,实现乡村治理与产业发展有机融合。坞坵村因地制宜,充分挖掘本土特色和红色文化,利用数字化技术打造"智慧坞坵"平台,开发数字乡村管理系统,用数字赋能村级发展和治理,为乡村治理插上"云翅膀",把休闲观光农业融入乡村振兴战略,合理规划,科学设计,真正将田园风光、秀美乡村变成"聚宝盆",带领全村村民共同建设秀美、精美、纯美"三美与共"的宜居家园。

▶▶ 一、基本概况

坞坵村位于常熟市古里镇东南侧,东临联泾塘,西南与沙家浜常昆村接壤,北临白茆塘,苏嘉杭高速穿境而过,水陆交通方便。全村面积6.3平方千米,共有946户农户。坞坵村村党委锐意进取,主动求变,创新"支部+合作社+家庭农场"的组织形式,推出优质大米品牌,挖掘"稻文化"特色,打造农文旅综合体;通过数字赋能,激活治理主体,汇集数字资源,唤

醒地方文化，凝聚乡村认同，为乡村治理现代化增添新动能。随着坞坵水稻、文旅融合等产业的发展，全村年收入达1492万元，村民人均收入突破4万元。近年来，坞坵村接连被评为"国家级优质水稻标准化示范区""江苏省特色田园乡村""苏州市'智慧农村'示范村"。

▶▶ 二、主要做法和成效

坞坵村搭乘数字乡村发展战略时代快车，结合《江苏省数字乡村建设指南（试行）》与"苏州市'智慧农村'示范村"评选要求，着手布局数字乡村治理体系，开发数字乡村管理系统。系统紧扣数字乡村发展战略工作要求，开发整合，设有乡村印象、基础要素、党的建设、民主公开、产业发展、智慧治理6大功能模块。

（一）布局数字坞坵，擘画新蓝图

1. 首创3D建模

坞坵村利用3D新技术，建设"云上坞坵"系统，让每一位访问系统的用户都能获得坞坵村的沉浸式体验，实现信息公开、数据共享、信息监管与联合惩戒。

2. 建设村级数据库

坞坵村结合联动部门实现对外服务，加强数据治理、分析能力，为乡村建设、民生治理等方面提供数据支撑。

3. 做好智慧农村顶层规划

坞坵村强化坞坵智慧农村建设规划引领，加速"互联网+"现代农业机械使用、智能感知、智能分析、智能控制技术等应用落地，以数字化赋能农业生产。

（二）夯实乡村治理，奋进新征程

1. 互联网+党建引领

坞坵村有着丰富的红色文化资源，涌现出了一大批以戈仰山、邱传兴、朱福兴为代表的革命英雄人物，被称为"红色的坞坵"。村党委依托丰富的红色资源，营造党史学习教育浓厚氛围，鼓励党员群众深入学习。利用互联网，将"三会一课"、专题学习、党建活动等重点工作从线下搬到线上，即便在农忙耕作时，全村161名党员也能随时学习、交流。利用数字系统对党务工作、党员信息、党员活动等进行公示,实现党务工作信息化、党员活动便捷化,提升党建服务能力。深入开展"我为群众办实事"实践活动,制定"我为群众办实事"村级重点项目清单,推动将红色文化教育成果转化为具体行动,让群众得到实实在在的实惠。

2. 互联网+基层治理

结合农村人居环境长效管理实际,坞坵村的数字乡村管理系统由微格治理、随手拍和家庭积分管理3大模块组成,包含网格化管理、智慧积分、民情地图、智慧安防等内容。坞坵村党委将全村35个自然宅基划分为104个微网格,由海棠管家总负责,下设卫生、文明、违建、调解等专职管家员,系统针对不同任务自动派发相应的海棠管家以及专业管家;在随手拍模块,村民可通过手机端拍照、录像或录音等方式来反映村庄环境问题;在积分管理模块,以考核村民宅前屋后环境卫生为主体,包干公共区域、美丽庭院等为加分项,考核记录村民积分情况,村民可用积分兑换相应物品,实现村民自治管理、奖罚并举,形成"比学赶超"的文明乡风。坞坵村通过大数据与网格化结合,将村域人居、生态环境融入网格治理,提升乡村治理精准度。

3. 互联网+村务管理

坞坵村建设"云上坞坵"系统,助力村级"三务"公开、"三资"管理工作,形成农民群众和上级部门等多方面监督体系,规范乡村权力运行。在政务服务方面,村委会在系统发布政策信息,村民可随时线上查阅,足不出户也能随时了解村内村务、民事、党建等最新信息。在生活服务方面,突出医疗、教育、养老的便民性,村民通过预约关怀服务,即可享受全科社工的上门服务和照料。在疫情防控方面,通过系统发布疫情相关的通知、消息,村民可及时了解疫情防控动态,并在第一时间内反馈信息,以多一度的关怀、多一层的洞察,引领疫情防控工作。此外,村民还可以通过手机拍照、录像或录音等方式,及时反映村庄问题,方便村"两委"工作人员及时处理。

(三)赋能智慧农业,迈开新步伐

坞坵村以农业产业为基,大力推进智慧农业建设工作,不断激发内生动力。从2020年起,坞坵村将3800亩农田全部流转给坞坵米业合作社进行集体种植。依托古里镇坞坵万亩优质稻米示范区,大力发展"水稻+"产业,推进一二三产业融合发展,着力让"美丽资源"变成"美丽经济"。

坞坵村建立"支部+合作社+家庭农场"的强村富民新模式,成立常熟市坞坵米业专业合作社和坞坵农机专业合作社，以网格支部为组织支撑，以"新农"红色先锋站为阵地支撑，以"党员专家库"为智力支撑，加强对骨干和青年职业农民的培训，对大户的生产经营进行统一指导和管理，对稻米进行统一加工销售，成功打造"白禾""坞坵"两个优质大米品牌，逐步形成产、供、销一条龙的现代农业发展格局；把"金稻穗"行动支部的先锋力量拓展到村级经济发展的方方面面，打造具有"稻文化"特色的农文旅综合体。

坞坵村充分利用现代农业科技和大数据的力量，安装智慧监测系统，2021年对种植环境监测245次，病虫害监测624次，农机智能化等方面监测102次；引进植保无人机播种、测土配方施肥等新型技术，节省劳动力，提高生产效率和收益，实现科学种地、生态种地。打造农产品质量安全溯源系统，推动资源共享，实现精准、及时、智慧管理，提高农产品质量，让消费者吃得放心、安心。

▶▶ 三、经验启示

（一）做强"设施+"，打造现代高标准生态农业产业园

坞坵村率先实施土地流转，依托古里镇坞坵万亩优质稻米示范区建设规划，加强农田基础设施建设，推进高标准农田建设进程，开展常熟市优质稻米示范区创建，打造现代高标准生态农业产业园，建成江苏省首批生态型高标准农田建设示范区。古里镇坞坵万亩优质稻米示范区全面实施机插水稻种植技术，推广节水灌溉等新型技术，实行规模化种植，大力发展高效生态农业、智慧农业，建成省级绿色优质水稻基地，该示范区获得"国家优质水稻标准化示范区"称号。

（二）依托"技术+"，实现"产品+"，打造"坞坵"系列品牌稻米产品

坞坵村紧抓新形势下市场对绿色农产品的需求，持续开展稻田综合种养等新品种、新技术、新模式的示范推广，积极探索优质大米市场化、品牌化运作与开发，打造"坞坵"系列品牌。积极推进集体农场建设，聘用职业农民开展工业化农业生产模式，以优质大米为主导产业，开发功能性大米，米业合作社形成了产、供、销一条龙的发展格局；依托苏州农科院（常熟）稻

米产业研究院，建成运作坞坵品牌稻米产业的平台，进行稻米深加工产品研发，延伸稻米产业链，提高稻米附加值。建设集烘干、仓储、加工一体化运作，生产、参观、科普一体化运营的稻米加工中心，提升"坞坵"品牌大米加工能力及品质。

（三）探索"产业+"，打造坞坵"稻"乐园

利用举办 2021 年度常熟市农民丰收节开幕式的契机，坞坵村深挖农耕文化、书香文化，从"一粒米"中延伸出农业的丰收、旅游业的兴旺，着手打造坞坵"稻"乐园、坞坵垂钓中心、稻香餐厅、稻家民宿等项目，逐步实现生活生产、科普体验、旅游观光等乡村多元业态的有机融合，探索具有坞坵稻文化特色的农文旅综合体，形成有文化标识特色、有产业深度联动融合、农民获得合理收益的乡村旅游产业链。

数字赋能铜官山，乡村绘就新蓝图

铜官山村"智慧农村"建设项目以互联网技术为依托，以提高农民的生活水平和实现农村生活现代化、科技化、智能化为目标，通过开发"数字乡村"软件、集成指挥管理系统、铜官山乡村乐园小程序、大米全自动包装及码垛输送系统等来改善、完善、管理乡村治理、休闲旅游、特色产业等，从而提高村民生活水平，建立农民自有的智能生活价值体系。

▶▶ 一、基本概况

铜官山村位于常熟市西北隅，北临长江，西接张家港。全村总面积7.941平方千米，耕地面积5386亩，51个村民小组分布于38个自然村落。辖区内共有居民1420户，户籍人口5714人，常住人口6202人。铜官山村近两年先后被评为"中国美丽休闲乡村""国家森林乡村""江苏省特色田园乡村""江苏省文明村""江苏省健康村""江苏省乡村旅游重点村""苏州市

'智慧农村'示范村""苏州市'十佳'休闲农业和乡村旅游精品村"等，铜官山乡村乐园被评为"江苏省生态文明教育实践基地""常熟市首批千村美居网红打卡地"。

二、主要做法和成效

（一）建立数字乡村管理系统

铜官山村数字乡村管理系统紧扣"数字乡村大发展战略"工作要求，根据工作需要，开发整合乡村概览、党建引领、"四议两公开"（村党支部会提议、村"两委"会商议、党员大会审议、村民代表会议或村民会议决议；决议公开，实施结果公开）、乡村发展、乡村治理等功能模块，着力打造集事项统一处理、数据汇聚共享、业务协同流转于一体的综合管理服务大枢纽体系。建立管理、服务等一体化综合工作平台，确保前台与后台、各职能机构之间的信息交流与协调配合，实现信息公开、数据共享、信用监管与联合惩戒。在乡村发展模块中，融入农文旅概念，突出体现铜官山乡村乐园项目，与铜官山旅游软件融合，实现对铜官山各个景点的介绍描述，手机端可导航至相应位置，并且可进入铜官山专项功能查询入园人数、车位情况等。

（二）开发铜官山乡村乐园小程序

铜官山村开发了铜官山乡村乐园小程序，小程序涵盖旅游资讯、智慧停车、游乐币、虞乡民宿、虞乡美食等10个板块，游客通过小程序足不出户就可以了解到铜官山热门活动、旅游、美食、民宿等第一手资讯，根据自己喜好选择参与热门活动、自助停车缴费和充值结算等，畅享线上平台带来的便捷服务。

（三）创新线上社会治理模式

村民通过手机APP"随手拍"模块将发现的人居环境问题及时上传至平台，由平台管理人员按照区域将问题第一时间反馈至村网格员。村民可通过微信公众号查看铜官山村文明有"礼"积分管理评分情况。依托数字乡村管理系统完成文明有"礼"积分评比工作，把乡村治理与乡风文明建设、农村人居环境整治、生态环境保护等各项重点任务结合起来，引导村民成为乡村治理的主要参与者、最大受益者和最终评判者，推进德治、法治、自治与智治的有效融合，积极构建共建、共治、共享的社会治理格局，促进乡村振兴战略的有效落地,有力推动村庄共同体的重塑。

(四)设立无线全覆盖区域

铜官山乡村乐园实现无线全覆盖,为游客提供便捷、安全的网络服务,游客可随时随地上网了解旅游资讯、地图导航等。

(五)安装智能监控系统

铜官山村域内各主要村组出入口安装治安监控52个,铜官山乡村乐园监控系统共有70个摄像头,覆盖在乐园整个区域,为铜官山公共财产和游客人身、财产安全提供保障。智能监控系统的安装大大提高了铜官山乡村乐园管理的工作效率,一个工作人员能同时监管多个区域,及时发现和处理突发情况。

(六)建成集成指挥系统

铜官山村以整合原有资源为主,增设集中指挥平台、人工智能监控和语音传送,利用信息化、现代化手段建成集成指挥分中心,并在全村安装声光警戒系统,工作人员通过中心的"村村享一体化"网络平台,可以实时掌握村里各个角落的动态,以此更好地发挥全村区域管理能力。此外,该平台还融合了村"三务公开"系统、安居超市平台,打通了市级联动平台等,全面开启了基层综合治理新模式。

(七)实现"三务公开"户户通

"三务公开"户户通涵盖党务公开、村务公开、财务公开三方面,铜官山村将"三务公开"与现代信息技术手段结合,村民可通过数字电视在家中随时监督"三务公开"内容,落实广大群众知情权,加大对村级党务、村务、财务的监督力度,真正实现"阳光"村务。

(八)投运大米全自动包装及码垛输送系统和粮库智慧系统

铜官山村稻米加工智能化升级工程包含仓体改造、自动包装机组、真空机组、升降倒包输送机、码垛机器人等设备。原来的大米加工是一边碾米一边包装,现在流水线上设有大米仓容,可以让大米适当冷却,这可明显提升大米的质量、口感。粮库智慧化升级工程投资23.8万元,工程包含粮仓冷库空气温度、湿度、光照生产环境感知系统,仓储通道高清数字实时图像视频采集系统及视频远程监控系统,完成远程可视化数据展示管理中心的建设,包括数据展示大屏和数据展示中心平台，可远程查看环境数据、谷堆温度数据、监控数据、自动包装设备数据等相关信息，并支持数据异常预警。

（九）推进线上办公系统

铜官山村整合电子政务、虞政通手机 APP、智慧党建等现代信息技术，让办文、办会、办事全面在线，推进无纸化网上办公，完善乡村治理信息快速上传下达和治理事项有效处置机制，实现资源和信息的高效传输和及时共享，提升政府办公效能。

三、经验启示

（一）夯实基础，因势利导

补齐数字基础设施短板，打造集约高效、绿色智能、安全适用的乡村数字基础设施，解决数字鸿沟问题，是建设数字乡村的首要任务。挖掘本村现有资源和发展优势，在整合各类资源的基础上，进行智慧化改造，才能达到治理精准化、服务均等化、产业特色化的目标。

（二）重视人才，强化管理

数字乡村建设离不开数字素养较高的人才。要大力培育新型职业农民，加强对农民数字化知识技能的培训，普及数字农业农村相关知识，提升数字技能，让具备专业技能、充满活力的新农人掌握数字化工具，成为推动数字乡村建设的主力军。

（三）多管齐下，持续发展

数字乡村系统具备数据采集、存储、应用、管理等生命周期的数字治理能力，具有专业化数据分析服务能力。因此，数字乡村建设要有资金保障，要做好顶层设计，要围绕农村服务，要体现简单快捷。只有多管齐下，在利用自身资源的基础上，争取各方支持，不断优化提升，不断注入动力，才能让各种"智慧平台"更实用、更好用。

构筑"三智"田园，助力智林振兴

智林村党委聚焦乡村振兴战略，围绕"六美集大美，幸福新常熟"的主轴主线，站立董浜高质量发展高地，深入探索，积极思考村中心工作、重点工作，致力于疏通堵点、啃下难点、做出亮点、总结特点。不断丰富智林内涵，在人居环境、数字农业、特色田园方面精耕细作，助推农业发展、农村秀美、农民增收，深入提升智林村人居环境，增强群众获得感和幸福感，为建设美丽乡村探索新路径。

▶▶ 一、基本概况

智林村位于常熟市董浜镇西北部，因境内有千年古寺智林寺而得名，由原智林、马楼、遥路3个村合并组成，东临黄石村，南临杨塘村，西临周径村，北临陆市村，紧靠徐市集镇区，苏通大桥南接线穿村而过，交通十分便捷。村域面积4.62平方千米，耕地面积2949亩，全村现有44个村民小组，人口4285人，住宅1206户。村党委下设3个党支部，共有党员121人。智林村村委不忘初心、主动求变，在人居环境改善、数字农业发展、特色田园建设等方面积极作为。人居环境层面，探索"一约两会三制"（"一约"即村规民约，"两会"即村民代表会、村民理事会，"三制"即实行"三包"责任制，实行"积分制"管理模式，倡导志愿服务机制。）"五大员"工作机制，集思广益，不断巩固千村美居的常态长效；数字农业层面，依托国家地理标志农产品黄金小玉米，实施智能化检测，不断提升种苗品质口感，推进田美乡村建设；特色田园层面，加强顶层设计，引进多业态、多主体，积极构建集生态、产业、文旅、创新、富民五位一体的田园综合体。近年来，智林村先后获得"江苏省民主法治示范村""苏州市美丽乡村建设先进集体""苏州市农村人居环境整治提升工作示范村""苏州市'智慧农村'示范村"等荣誉称号。

二、主要做法和成效

（一）人居环境治理集"智"

1. 坚持党建引领

智林村以"党建引领"为抓手，探索出"一约两会三制"的智林智慧，调动党员、群众参与村庄治理的主动性、积极性，巩固基层党组织力量，形成可复制、可推广、可操作的乡村治理模式。利用千村美居积分平台，与常客隆紧密合作，形成可视化的农村积分系统，辖区内共1134户农户受益，已发放积分考核奖励5万余元，农户积分奖励使用率达75%以上；形成智林党建网格化管理，制定"党委聚网格、支部筑网格、党员入网格"的三级管理模式，并通过合并、分组等诸多形式进行优化调整，成立网格党支部3个、网格党小组6个，构筑"党委—党支部网格—党小组网格—网格员"的网络党建格局，形成"党建引领长效，长效促进党建"的良性互动、有效联动。

2. 探索党员群众"五大员"志愿服务品牌

"五大员"分别指河道生态管护员、人居环境宣传员、长效管理督导员、垃圾分类辅导员、社会文明倡导员。智林村通过村委和村民的齐抓共管，落实好河长制，推动河长制从"有名"向"有实"转变，坚决维护好水清、岸绿的村域环境，创建幸福河湖；由村级人居环境宣传员和周六下沉人员组成"洁美家园"志愿队伍，引导村民积极学习积分考核办法，明确整治标准，落实宅前屋后"三包"责任，养成良好的生活习惯；长效管理督导员每月对村民是否履行好"三包"进行考评，督促村民切实履行宅前屋后保洁工作的承诺；垃圾分类辅导员积极引导村民从"要我分"转化为"我要分""主动分"；社会文明倡导员与新时代文明实践同成长、同进步，不断丰富文明实践站（点）的活动，持续深化星级文明户、美丽庭院工作，提升村民素养，筑牢社会文明基石，助推社会文明和谐进步。

（二）数字农业创建添"智"

1. 加快建设特色农业、数字农业

智林村依托现有农业资源的优势，按照"产业发展到哪里，农田整理项目就跟进到哪里"的工作思路，以高标准农田建设为杠杆，集中流转，做大产业，着力提升农业规模化水平，打造土地平整、田貌整洁、沟渠相连的"田美乡村"，绘就现代农业发展美丽画卷。高标准农田项目区总面积1311亩，其中耕地面积约620亩，新建3722米沟渠、2252米路面、2799米林带。积极在农产品产业链、农业品牌上动脑筋、花心力，为其插上品牌、创新之翼，借助新时代文明实践站平台，依托常熟市融媒体中心、董浜镇农旅公司，共同创办农产品专场网络直播，实现农产品线上线下融合发展。近年来，智林村致力于解决农民蔬菜区域小、乱、杂的问题，在土地流转方面下苦功、下硬功，逐步推动有条件的村组整组土地流转，整理出连片连块的土地面积，再通过土地的二次流转，引进新型农场主、种植大户，增强村级财力，加快蔬菜区的土地集约化，并引导村民归类规范种植，激发土地活力，加快推进"田美乡村"创建进程。

2. 村企联动做强特色种植产业

智林村从种子源头严格把关，和省农科院合作提纯复壮，保证黄金小玉米种源的优良，在钟家巷区域引入种植80亩的董浜黄金小玉米，引进江苏惠健净菜配送销售有限公司，开展小玉米收购、加工、销售服务。强化"互联网＋"模式使用，引入四足机器人，气象、虫情、肥药等监测设备和数字园区线上平台等智能化软硬件设施，建设智慧化董浜黄金小玉米种植基地，打造智能化育苗管理、可视化田间监测管理、数字化追溯销售等产供销全流程数字化服务体系。目前智林村小玉米种植面积超1000亩，实现亩均效益超5000元，带动种植户300余户，特色农业产业持续壮大。试点数字农业建设，运用VR、三维建模、数字动态计算模拟等构建从地上到地下的数字孪生态，进行空间立体的数字展示和数据长期保存，探索实现数字农村管理一张图。

(三) 特色田园乡村用"智"

智林村村委会深入贯彻落实淘汰低端低效产能的要求，对老遥路村委严家浜工业坊（嘉新纺织、惠新化纤、飞诚加弹等5户企业）进行清退，为乡村创意工坊、乡创汇产业园的创建腾挪空间。与天域生态环境股份有限公司签约特色田园合作项目，项目规划面积约0.823平方千米，规划范围内涉及钟家巷、蒲场、荷花浜、钱家宅、钱家桥和陶家坝南等6个自然村组团，涉及村民156户。通过近两年的建设，智林村建成了风光宜人、风情浓郁、风气文明的苏州市级美丽特色田园乡村，获评苏州市"农业农村现代化"先进集体，人居环境整治案例被苏州市评为2021年"首批苏州市农村人居环境整治提升典型案例"，建设经验成效多次被各级媒体、"学习强国"平台报道。

智林村特色康居示范区内拥有国家农产品地理标志产品黄金小玉米保育基地，结合"高标准农田、高标准菜地"建设要求，叠加数字农业，致力打造蔬菜产业高质量示范基地。对既有建筑进行更新改造，并导入文创、民宿、研学、休闲观光等业态，致力打造董浜乡野创E坊；夯实"一星四射"新时代文明实践站点，以"耕读智林"为实践内涵，建设融合乡情、乡愁、乡味的美丽田园。依托常熟理工学院乡村振兴研究院董浜实践基地，在农产品品牌营销、乡村艺术节、乡村文化艺术论坛等方面与常熟理工学院开展合作，建立产学研协同发展的长效机制，为培育乡村振兴人才、推进乡村振兴实践、推广乡村振兴经验开辟新路径。2022年2月，"乐享田园，大美智林"特色康居示范区获评"苏州市特色田园乡村"，同年7月，获批第九批次"江苏省特色田园乡村"。

三、经验启示

(一) 改善人居环境的智慧在于集思广益，提升群众参与感

群众是人居环境长效管理的主人翁和主力军，需要积极发挥党员先锋模范作用和村民共建共治作用，创新管理模式，形成生态环境治理长效常态机制。利用数字化系统，创新制定农村人居环境积分考核制度，召开村民组长长效管理座谈会议、钟家巷村民户代表会议，形成考核方案，对全村农户实行电子建档和积分统计。由村民组长、党员代表、群众代表、乡贤组成考核

团队,每月常态化开展考核并指导整改,对相关结果实行积分管理,将积分与奖励挂钩,引导村民主动参与农村人居环境整治,实现村民"参与方+受益方"的身份转化,形成群众联户可量可比、乡村振兴共商共治的环境整治"新模式"。

(二)发展数字农业的智慧在于培育优品,打造标准示范点

培育优品,将黄金小玉米打造为国家地理标志农产品,并和本地龙头企业、蔬菜配送企业进行合作,开展农产品收购、加工、销售服务,村企联动做强特色种植产业。强化"互联网+"模式使用,引入物联设备和数字园区线上平台等智能化软硬件设施,建设智慧化董浜黄金小玉米保育基地,打造智能化育苗管理、可视化田间监测管理、数字化追溯销售等产供销全流程数字化服务体系,持续壮大特色农业产业,保证农产品质量,保障消费者舌尖上的安全。

(三)建设特色田园的智慧在于农文旅融合,延伸特色产业

村民是乡村的主人,特色田园乡村建设要以村民为本,立足原住地、原住房、原居民,让村庄真正成为本地人居住的地,而不仅仅是供外人观赏的景。乡村的环境、建筑、民风民俗等相互依存又相互影响,共同构成独特的人居生态。特色田园乡村建设,既要有"颜值",更要有"气质",既要有好看的外观,更要有"有趣的灵魂",要呈现原生的田园风光、原真的乡村风貌、原味的历史质感。推进特色田园乡村建设,要发挥乡村独特禀赋,实现田园生产、田园生活、田园生态的有机结合,在风貌塑造上留住乡村的"形",在文化传承上留住乡村的"魂",在功能布局上体现乡村的"全",在宜居宜业上留住乡村的"人"。

科技兴渔,"智"在长虹

　　长虹阳澄湖大闸蟹有限公司秉持"以品质求生,以信誉求发展"的经营理念,积极响应国家保护生态环境的要求,打造智慧渔场。公司高位展望,开展生产基地生态化建设,升级改造设施设备,精细化提升养殖工艺,不断提升螃蟹品质;开阔思路,注重品牌化运营,创新开展品牌营销,擦亮品牌整体形象,发挥品牌兴农效应;探索渔旅融合,带动周边渔民增收致富,通过科技赋能实现产业升级转型,为乡村振兴贡献长虹力量。

▶▶ 一、基本概况

　　长虹阳澄湖大闸蟹有限公司位于常熟市沙家浜镇,主要从事大闸蟹的养殖及经营,现有养殖基地700多亩,以"公司+农户+养殖基地"模式带动联结周边农户超过100家,涉及养殖水域3000余亩,亩均收益超2万元。公司自有2个岸上河蟹养殖基地,分别为临靠于阳澄湖东湖的省级现代生态循环农业试点项目——长洪滩水产养殖示范基地和常熟沙家浜沙南村水产养殖基地。公司紧密围绕乡村振兴及太湖流域环境治理要求，逐步形成集良种繁育、水产养殖、科普教育、休闲观光于一体的现代农业格局。经过10多年的发展，公司及其养殖的大闸蟹先后获得了"中国阳澄湖大闸蟹原产地域保护产品专营单位""苏州市智慧农业示范生产场景""中国知名水产品十佳放心品牌""苏州市阳澄湖大闸蟹行业协会重点推荐品牌""苏州市名牌"等荣誉称号。公司还是常熟市首家通过国家有机产品认证的水产公司，并在2018年成为江苏股权交易中心首批农业板挂牌企业。

▶▶ 二、主要做法和成效

（一）生产基地生态化建设

1. 精心选址新基地

"不搞大开发，只搞大保护"，原来的阳澄湖养殖面积高达15万亩，为了保护生态环境、保护阳澄湖水源地，养殖面积需要缩减至1.6万亩。这既是风险，也是机遇。公司严格执行有关生态保护的规定，以政府大力推进高标准蟹塘改造为契机，经过多次考察，最终选择在与阳澄湖一堤之隔的长洪滩，投资1200万元，专门打造了470亩的长虹村生产养殖基地，努力实现农业景观化、景观生态化的目标。

2. 高位展望新目标

公司将生态渔业、绿色发展、有机食材、产业标杆作为生产养殖基地的规划目标，整合利用现有资源打造长洪滩蟹文化馆，合理布置生产区、管理区、尾水净化区、休闲区等，建设集标准化虾蟹池塘养殖、新型现代渔业养殖、水产苗种繁育、仓储加工、休闲垂钓、农耕体验等一二三多产业融合的现代化渔业基地。积极开发水上餐厅、湖中垂钓、农家乐等项目，千方百计引进人才，基地现有职工18人，养殖技术人员2名，聘用高级水产工程师3名，力争实现智慧农业质的飞跃。

3. 绿色发展新台阶

公司秉承"循环农业＋绿色养殖"的现代渔业绿色发展战略，不断探索无污染的安全养殖技术，充分发挥地理位置优势，将阳澄湖湖体活水引入养殖水域，实施"岸上湖体活水养殖新模式"，完全复制阳澄湖水环境和生物物种环境，严格控制投入品，并划出58亩水面建立尾水净化区，彻底解决大闸蟹养殖尾水污染问题，实现绿色循环，走出了生产发展的可持续性道路。2020年，公司获得"国家级水产健康养殖示范场""苏州市高标准水产养殖示范基地"称号。

（二）设施设备智能化升级

1. 打造生态智慧渔场

2021年，公司投资300万元新建智慧渔业系统，成功打造全市首家智慧渔场，为阳澄湖大闸蟹品牌文化传承提供强有力的产业体系及技术体系支撑。公司在基地内全面配置智能化网络监控设施设备，对养殖周期、品种选育、加工和资源收集养护等过程的基础数据进行采集与分析，加快渔业信息化建设，实现实时、精准、高效的管理方式。基地荣获农业农村部、财政部"国家虾蟹产业技术体系苏州综合试验站常熟示范点"称号，吸引了全国各地水产专家和同行前来参观学习。

2. 创建机械化示范基地

为实现从传统农机向高质量农机的转变，迈入全程全面、高质高效农业机械化的发展时期，公司积极参与市级机械化示范基地创建活动，开展宜机化改造，引进先进智能机械化装备和人工智能平台，加快智能装备应用。目前，公司机械化水平达90%，拥有无人机投饵装置、水草输送机、自动喷洒船、自动船外挂桨器、轮式增氧水车、微孔增氧机、巡检车等各类机械化生产设备共计69台（套），在无人机、无人船投饵及蟹病远程诊断等方面积极开展探索应用，大大降低了养殖生产人员的劳动强度和生产成本，有助于把握生产进度，促进河蟹养殖增产增效，经济效益提升显著。

3. 加强质量安全管理

公司开发池塘尾水分级净化监测系统、养殖水体实时在线监测系统、水产品溯源系统、增氧设施控制系统、安防系统等，有效规范大闸蟹生产质量。同时，利用"卫星定位+图文+实时视频"的形式，将基地的阳澄湖大闸蟹养殖全流程完整生动地呈现给消费者，实现生产安全全程可溯，让消费者买得安心、吃得放心。

（三）养殖工艺精细化提升

1. 精准利用技术

公司充分应用大母本优质蟹种培育、池塘微孔增氧、河蟹"1258"生态养殖、病害生态防控及池塘养殖尾水三级净化等技术，严格实行中国水产科学研究院淡水渔业研究中心制定的大闸蟹"863"生态养殖模式，控制数量，突出品质，每亩仅放800只优质小螃蟹，收获时每亩回捕600只左右的优质成蟹，每只平均售价50元，每亩产出3万元，同时保护周边的水环境，实现生态、品质、效益三大提升。

2. 制定养殖标准

在配备智能装备应用和开展渔业信息化建设的基础上，公司实行标准化生产，制定服务标准化、品质控制标准化、员工培训标准化及运营管理标准化等体系。例如：统一购进上市品牌高质量配合饲料，保证河蟹摄入高蛋白的同时，降低饵料对水体污染程度；利用无人机、投饵船智能化优势，避免人工操作造成的投饲不均，提高饲料和水质改良剂利用率；开展实时监测，每隔半小时对养殖水体、净化池水体自动抽水监测，保证水体溶解氧始终处于最适合河蟹生存的状态……通过标准化、智能化作业，每只河蟹平均提升25克，成活率提高5%，单位面积产量提升17%，渔场生产支出降低12.9%，渔场劳动生产率提升100%。

3. 提升科研水平

公司链接多方产学研资源，与其他国家的水厂培训班达成合作交流关系，并与淡水中心、常熟理工学院等进行实质性合作，邀请知名专家、专业技术人员定期开展专业技术培训，将前沿机械化设备逐步运用到实际生产中，把基地建设成为高等院校、科研单位科技成果展示的平台和窗口。同时，向高校吸纳培养3名高素质毕业生，加大生产养殖科研投入，培养自己的技术团队，进而开发出具有自主知识产权的科研成果，促进企业可持续发展。

（四）开拓思路，推进企业营销品牌化运营

1. 创新开展品牌营销

公司是行业里第一家在报纸上进行品牌宣传的企业，近年来，公司立足常熟，瞄准国内外更大的市场，依托"新农民故事会"主题活动、融媒体采访报道、自有微信公众号等渠道，常态化开展品牌宣传。和张家港永联村永合集团达成战略合作，将长虹蟹业的名优特产品推向全国各地，打响"长虹蟹，天下鲜"的口号。抓住数字时代的机遇，与国内一流快递公司达成专线合作协议，物流配备增氧恒温装置，成功开启"鲜活水产，送货到家"的运作模式，做到"供货及时，个体鲜活"，赢得了市场主体的一片好评，品牌美誉度不断提升。

2. 擦亮品牌整体形象

公司成立农业产业化管理办公室，加强湖蟹产业化组织，严格管理公司和养殖户的组织关系，实施阳澄湖大闸蟹原产地域保护，维护生产农户和消费者的合法权益，保障产品质量，提升品牌优势。公司通过沙家浜镇现代渔业产业党建联盟，引导党员养殖户把先锋模范作用渗透到渔业产业发展中去，不断加强社会公德和职业道德等诚信体系建设。

3. 发挥品牌兴农效应

公司充分发挥水产龙头企业引领作用，建立农业产业化联合体，将品牌资源作为增收增产的抓手，采用"公司+基地+农户"模式，每年为周边养殖户提供苗种选择、饲料投喂、鱼病诊断、鱼药使用、增氧设施操作等水产实用技术培训以及智慧养殖服务指导。公司统一规划、统一放苗、统一养殖、统一收购、统一销售，为周边养殖户提供了上百个就业岗位，带动养殖户抱团发展。2021年度，公司获得了"苏州市级农业产业化龙头企业""苏州市级农业产业化联合体""常熟市首届品牌运营商会'副会长单位'"等荣誉称号。

▶▶ 三、经验启示

（一）产业向绿，绿水青山就是金山银山

渔业是跟环境密切接触的行业，渔业环境治理和改善是一个系统工程，需要先进的设备做辅助，更需要系统的养殖技术做支撑。好生态才能换来好效益，公司深入贯彻落实绿色发展理念，不以规模、数量来提升竞争力，坚持走生态环保、绿色有机的养殖路子，引入先进技术，开发智能平台，培育新农人才，因地制宜打造集生态养殖、科技养殖、智慧养殖、水产苗种培育、休闲观光垂钓、品牌营销为一体的长洪滩标准化养殖基地，同时以渔旅融合的理念打造集蟹文化传播、休闲旅游体验、美味赏食等多重功能于一体的长洪滩蟹文化展示中心，着力推动渔业产业由规模优势向质量效益优势转变。

（二）数字赋能，提档升级才能赢得未来

新型智慧渔业不仅能够解决水产养殖的标准化、信息化、自动化问题，也能够通过大数据解决"怎么养"的问题。公司坚持"科技兴渔"，运用数字化手段对传统渔业进行智慧赋能，加快推进智慧农业新技术、新装备、新模式，促使科研成果转化为促进产业发展的动力，打破传统水产养殖范畴，将服务半径逐步扩大，使第一产业、第二产业与第三产业高度融合，形成信息化、多元化、数字化新兴产业形态与体系，更好地发挥产业融合作用，并带动周边资源形成向上合力，助力渔业可持续、高质量发展。

（三）智慧运营，实现品质到品牌的跨越

品牌是推动农业高质量发展的有效载体。公司通过数据采集和大数据分析，形成科学高效的精细化养殖模式，坚持做优质产品，在此基础上，紧跟数字时代浪潮，借助各类新媒体平台宣传推介产品，同时积极开辟电商渠道，将品质优势转化为品牌优势，不断拓宽阳澄湖大闸蟹品牌化经营之路。此外，公司通过品牌发展"倒逼"产业链不断优化，在生产环节帮助养殖户树立品牌思维，以教学培训、现场指导、交流研讨、资料发放等推广应用方式，服务百余名养殖户，明显改善养殖环境，转变养殖观念，提升养殖户收入。

"五彩何桥"，赋能乡村数字建设

何桥村响应党中央《数字乡村发展战略纲要》建设"智慧农村"的要求，树立"以上下联动干实事，同频共振促振兴"的工作理念，积极响应村民日益多元化、便捷化、优质化的服务需求，建设便民服务大厅，培育服务队伍，规范办事标准，基本实现了"小事不出格，大事不出村，服务不缺位"。何桥村以"五彩何桥"为乡村建设品牌，进一步完善基础设施，建设益农合作社，促进经济发展、村庄治理和廉政建设。

▶▶ 一、基本概况

何桥村位于太仓市浏河镇西部，在2007年5月由何桥村、三星村、墙里村、石新村、新胜村合并而成。辖区面积8.5平方千米，耕地面积6600亩，下设43个村民小组，在册875户，全村总人口3308人，外来人口780人。何桥村紧紧围绕党建引领、产业兴旺、生态宜居、乡风文明、治理有效、生活富裕的总要求，真抓实干，积极实施乡村振兴战略，促进农业农村发展质效齐升。在全体村民的不懈努力下，何桥村不断发展，不断进步，先后获得"江苏省卫生村""江苏省生态村""江苏省科普惠农服务站""江苏省民主法治示范村""苏州市健康村""苏州市'智慧农村'示范村"等荣誉称号。

▶▶ 二、主要做法和成效

（一）完善网络基础设施

何桥村加快农村宽带网络、移动网络和广电网络建设进程，宽带网络入户率100%，5G网络覆盖率100%，数字电视入库率100%。引进安防硬件设备，配套相应管理系统和服务应用，与监控共享平台实现联网对接，保障农村居民生活居住安全，村区域内共有120台监控摄像头，包括治安安防监控、河道监控等，视频监控范围达到80%以上。

（二）成立益农信息社

何桥村地势平坦，气温适宜，光照条件充足，水力资源丰富，为水稻、小麦生长提供了得天独厚的自然基础。另外，何桥村邻接太浏路，交通十分便捷，为合作社农作物的运输、销售带来了很大的便利。为保障农民利益，推动农业产业化、规模化发展，2011年5月，何桥村成立益农信息社，成员出资总额175万元。合作社自成立以来，以提高农民的组织化程度、切实维护农民利益、促进农村经济持续发展为要求，进行规范化运作，向社员提供人性化的、务实的和科学的服务，实行统一管理和指导，具体表现为"八个统一"，即统一规划、统一指导、统一要求、统一耕作、统一供种、统一供肥供药、统一防治、统一销售。

（三）多措并举提升便民服务质量

何桥村集合优质资源，建设集服务、医疗、活动为一体的便民综合服务楼。大厅分为信息公开查询区、便民服务区、业务受理区，按照"五个一"标准建设便民服务区，在信息公开查询区，公示93项为民服务事项。组建以全科社工、村干部、党员志愿者为主体的专业化服务队伍，为村民提供现场办、代理办、帮助办、陪同办"四办"服务。整合办理事项，把原来对应7个部门的公共服务事项集中起来，改造成2个民生服务综合受理窗口，设置全科社工A/B岗，推进"一窗受理集成服务"。规范办理流程、办理材料、办结时限，接通镇级行政审批局民生综合窗口，删繁就简，综合受理，提高办事效率。

（四）结合大数据与网格化，将村域人居、生态环境融入网格治理

何桥村全面推进人居环境整治，投资480万元建设"何家湾"三星级康居点，建有活动室、公共卫生间、停车场、室外活动场地、健康步道等公共设施，大大提升村庄的整体环境和居住氛围。村内设立具有人脸识别功能的智能垃圾分类投放站，与村积分制度相结合，增强村民垃圾分类意识。村民家中各设其他垃圾、厨余垃圾两个分类桶进行分类，可回收垃圾和有害垃圾上门收取，其他垃圾由村入户收集，送至归集点，再由其他垃圾收运车收集后送到环卫所，每天1次；厨余垃圾由村入户收集，送至归集点后由厨余收运车收集后送到环卫所，每天1次。每月定期开展垃圾分类入户宣传活动，入户宣传率达到90%。

▶▶ 三、经验启示

（一）坚持党建引领

农村基层党组织是党在农村全部工作和战斗力的基础。何桥村始终把党建引领作为乡村振兴的"红色引擎"，以"不忘初心、牢记使命"为宗旨，以党建标准化建设为目标，创建"五彩何桥"党建品牌，不断强化村党组织建设，提升服务水平和能力，谱写乡村振兴新篇章。围绕党群服务中心"五彩何桥"建设"海棠花红"先锋阵地党建示范点，提升基层党建工作水平，使先锋阵地与群众紧密联系。持续开展何桥村监督管理工作，制定网格化纪检监察制度，有效提升村庄纪检相关工作效能。结合"智慧农村"宣传，开展各类精神文明活动，倡导乡风文明。

（二）建设智慧农村

何桥村建立智慧党建平台，对党建活动管理、自主汇报管理、风险警示、党费交纳记录、年度民主评议、群众满意度、党支部先锋指数和党员先锋指数等进行信息化管理，并通过e阳光村务监督管理平台和何桥村公众号线上发送党务活动资讯和党务公开信息。使用太仓市农村集体三资监管平台，实现农村集体三资的保值增效。太仓市农村集体三资监管平台由三资监管平台、资产交易平台及资产地图平台组成，是依托现代信息网络技术和完善的基层

信息化体系，对农村集体资金、资产、资源、合同、票据等信息进行采集、处理和监督的综合管理软件，平台实现了多级审核监督的精细化管理模式，形成了全方位、多层次、实时化的三资监督体系。其中，三资监管平台主要包含财务管理、财务监控、合同管理、资产管理等。

（三）奋力开拓创新

民族要复兴，乡村必振兴。乡村振兴是实现中华民族伟大复兴的一项重大任务，要举全党全社会之力推动乡村振兴。何桥村带领全体村民大力发展高质量农业，实现产业兴旺、乡村振兴。研发无土栽培蔬果，提升菌菇产量、林果质量，实现特色农产品高产量产，拓宽销售途径，增加村级收入。完善农业机械化配套设施，安装育秧流水线，应用工厂化育秧、节种省工。通过农技耘APP平台搭建起农业科技知识服务与产业、专家与农户对接的信息化桥梁，通过信息发布＋数据查询＋问答互动＋视频培训＋供需对接，畅通"知识信息流"和"产业问题导向流"的交汇渠道，构建知识与服务融合、线上线下协同的新型数字出版模式。发展智慧农业，建设基于物联网的土壤生态环境远程监测系统及农田小气候采集系统在线监测土壤温度、水分、电导率、气象环境、农田光谱分析和视频监控画面。对水稻、小麦、哈密瓜、草莓等主要种植作物的地块信息、投入品使用信息、农事操作记录、农产品检测信息等进行数字化管理，实现标准化规范管理，提高生产效率。使用江苏省农产品质量追溯管理平台，对农场主要农产品的种植档案和追溯信息、批次信息、追溯码信息进行管理，实现农产品质量安全"来源可查、去向可追"，有效保障农产品质量安全。

东阳澄湖村智慧发展"三部曲"

东阳澄湖村积极贯彻落实省市数字化改革的精神要求，借力数字中枢，推进数字技术在农业农村的全领域融合、全场景应用，实现乡村生活的数字化、网络化、智能化发展。在坚决落实智慧发展"三部曲"的基础上，数字化改革为东阳澄湖村不断完善基层治理、主动拥抱电子商务注入了强大动力。

▶▶ 一、基本概况

东阳澄湖村为昆山市巴城镇下辖行政村，地处巴城镇西部、阳澄湖东岸，被巴城湖、鳗鲤湖、阳澄湖三湖环抱，盛产大闸蟹、清水虾、桂花鱼等。村域面积5.5平方千米，下辖12个自然村，设14个村民小组，现有村民家庭414户，户籍人口2380人，党员92人。凭借得天独厚的地理条件、生态环境，东阳澄湖村80%的村民从事大闸蟹养殖、销售及农家乐经营。村现有村民电商户180余家，平均每年创造村级电商销售收入超3500万元，"电子商务+大闸蟹"逐渐成为引领村庄发展致富的新业态。东阳澄湖村先后获得"全国农村优秀学习型组织""江苏省生态文明建设示范村""苏州市先锋村""苏州市'智慧农村'示范村"等荣誉称号。

二、主要做法和成效

（一）在信息化基础设施建设上坚持先走一步

1. 加强信息化基础设施投入，保障村民人身财产安全

东阳澄湖村利用村民家中现有宽带资源，搭建了村级视频监控网络，22个摄像头覆盖村内全部重点区域、重点路口，配套相应管理系统和服务应用，与派出所监控系统对接，可选择区域实时调看镜头和回放。未来计划更新监控技术，引入区段监测、人形监测，更好地服务于智慧安防和垃圾分类后台监测，充分保障村民生产生活安全。东阳澄湖村还为村内全部农家乐免费安装智慧气感报警设备，村民使用"守护侠"手机 APP 就能够接收煤气罐泄露警报信息，物联网技术服务平台将根据突发事件迅速推送消息，提供 24 小时在线客服预警信息中心、消防部门联动、全天机动性外派等多元化的安全保障，时刻智慧化守护村民安全。

2. 搭建"智慧云广播"系统，发挥智慧传声作用

东阳澄湖村利用村民广播解读政策方针，发布重要信息。在疫情防控、"331"专项整治行动等背景下及时传达最新政策要求，提升村民安全意识。建有空气质量站点，对存在于大气、空气中的污染物质进行定点采样，实现对村庄空气质量实时监测。注重村民再教育，建有专业多媒体教室 1 间，配有 10 余台计算机设备，借助远程教育、网络培训平台开展小班化网络教学；建有智慧图书馆，现存 2500 余册图书供村民阅读学习；依托 4 台有声图书设备，可供村民自主选择听书、听戏、听曲，将村民的业余生活延伸为智慧课堂。东阳澄湖村以多样的现代化信息手段，结合线上线下培训方式，为村民提供了智慧教育资源和丰富的农业农村生产生活教学培训。

3. 完善基层治理体系，双网融合共绘"同心圆"

全村划有 2 个网格，网格长利用"综治警务网格化"等手机 APP（该 APP 集信息搜索、分析研判、指挥调度、事项处理、绩效考评等功能于一体），将人居环境整治、矛盾纠纷调解、"331"隐患排查、智慧巡河等任务融入网格治理，每日巡视上报网格事件，从硬件+软件两方面深化社会治理网格化，助力"双网融合"效用最大化。东阳澄湖村通过"手上的大数据"与网格化的结合，提升乡村治理效能和治理精度。

（二）在应用平台建设上坚持先下一棋

1. 政务应用平台建设

东阳澄湖村通过与第三方公司多次沟通、多次商讨，根据服务实际的要求，量身定制了"村村享一体化平台"。平台通过数字化在线服务，解决村务管理问题、乡村文化传播问题，创新乡村振兴发展模式，助力数字乡村振兴战略顺利实施，实现乡村高质量发展。平台适配PC端与移动端，PC端涵盖智慧党建、便民服务、人居环境、村务管理、民生关怀等功能，移动端涵盖办事指南、问题上报等功能。在智慧党建模块，可以在线对支部活动进行管理，实现党建智慧化。在信息公开模块，本村居民可通过电视获取村镇要闻以及党务、财务、村务"三务"公开等信息。文化阵地模块可以向村民定向投放文化农技宣传视频，丰富村民精神文化生活。村务管理模块与市级"三资"平台数据打通，对重点人群分类管理，实现村集体"三资"情况整合和重点项目管理。民生关怀、工单管理模块能够巩固提升脱贫攻坚成效，精准记录和展示为民服务中心实时办理的事件；平台与镇工单系统数据同步，实现一网通办。

2. 党务应用平台建设

东阳澄湖村充分用好昆山党建平台、昆山基层党建信息平台等互联网渠道，应用党员信息管理、发展党员纪实、组织关系转接、积分管理、电子考试、手机党校以及组织生活记录等网上功能模块，形成了集查、建、联、管、用于一体的无纸化党员动态管理机制。

3. 村务应用平台建设

东阳澄湖村以网络平台助力村务管理。"三资"管理方面，充分使用江苏省产权交易平台、苏州农村"三资"平台、昆山市农村集体"三资"管理平台等服务平台，实现网上账务办理、电子报表、合同管理、资产管理，为农村集体"三资"保值增效。"三地"管理方面，使用江苏省农村产权交易信息服务平台管理本村蟹市场码头、出租厂房等集体经营性建设用地；利用卫星地图精准服务于村民宅基地翻建农房。村务公开方面，利用"昆山智慧e阳光"网上管理平台，及时公开党务信息、村务信息、财务信息、补贴信息、参保信息、乡村资讯等内容，方便村民通过互联网途径参与村庄村务监督管理，服务村民自治。

（三）在打造农村新业态上坚持先出一招

1. 组织新型职业农民培训

20世纪80年代，东阳澄湖村产业单一，村民以务农为主要收入来源，生活条件普遍较差。为创新经济发展模式，提高农民收入水平，东阳澄湖村党总支成立联络工作小组，广泛联络学习资源，组织村民参加新型职业农民培训，积极协助申报新型职业农民，申请专项扶持资金，鼓励、引导村民投身现代农业。截至2021年年末，已有270余名村民参加培训并取得合格证书。

2. 搭建农村电子商务网络营销平台

沿着党组织指引的正确发展方向，东阳澄湖村已有80%的农户从事大闸蟹销售和农家乐经营。后续为增加创收新路径，东阳澄湖村成立了以村"两委"班子成员为骨干的电商村工作小组，统筹平台、协会、商户、农户等各方资源力量，积极与园区电商企业寻求合作，为村民搭建农村电子商务网络营销平台，并定期组织村民学习网店运营，参加实战营销等电商技能培训。

3. 丰富电商致富新业态

自2016年荣获"江苏省农村电子商务示范村"称号以来，东阳澄湖村已拥有村民电商户180多家。这种传统销售与电子商务相依存，线上选购、线下体验的新发展模式为村民们带来了实实在在的增收，较好地诠释了电商致富的乡村新业态。当下，东阳澄湖村党总支正研究火热的短视频直播营销模式，计划再发展一批示范户，引领村民增收致富。

▶▶ 三、经验启示

（一）坚持因地制宜，全力打造特色

东阳澄湖村坚持因地制宜，依靠阳澄湖等水资源优势，搭乘昆山县域经济发展快车，积极开展大闸蟹的养殖和销售，形成了特色优质产业。因此，地方发展要结合自身特点，考虑本地地势、气候、文化等条件，充分挖掘本土乡村资源禀赋，聚焦特色和优势，因地制宜发展地方产业，推动特色产业高质量发展。

（二）主动拥抱科技，引领智慧发展

在各项基层治理工作中，"人力投入"的边际成本是不断增加的，"科技投入"虽然一次性成本比较高,但从长期应用效果来看,效率会更高,效益会更大。推动乡村振兴战略,一定要高度重视科技的作用;加大新能源技术、现代信息技术、人工智能、大数据等技术手段在乡村治理方面的推广应用;以"互联网+"为依托,加速智慧医疗、智慧教育、智慧政务在乡村的推广普及,有效利用科技创新提升乡村治理专业化、精准化、智能化水平,强化发展弱项,补齐民生短板,由此提升老百姓的幸福感、获得感和安全感。

(三)吸引优秀人才,培养年轻干部

数字乡村建设要高度重视年轻人才的作用。一要注重在工作队伍中培养一批年轻干部,把文化水平高、带富能力强、群众反映好的优秀人才纳入村级后备干部队伍,选进村"两委"班子,为他们参与村级事务管理创造条件,让他们将新想法、新路子带进基层,激发基层工作活力。二要积极向有返乡创业意愿的青年推荐优质项目,帮助他们精准制订创业计划,推动他们在智慧农业、种植养殖合作社、农村电商、农产品加工等方面发挥作用。

打造智慧市北，创建美丽家园

随着乡村振兴战略的全面实施和信息技术的快速发展及广泛应用，智慧乡村建设作为实现乡村振兴的重要路径，需要进一步加快推进，这对激发乡村发展潜力，推动农业全面升级、农村全面进步、农民全面发展具有重要意义。近年来，市北村党委积极响应乡村振兴战略，积极试点数字乡村建设，努力朝着智慧农村方向发展，不断完善硬件设施建设与软件开发，以线上线下相结合的方式，不断探索乡村振兴建设道路上的新做法，更好、更快、更贴心地服务辖区居民。

▶▶ 一、基本概况

市北村位于昆山市周市镇东北部，东邻太仓双凤镇，北与常熟蒋巷村毗邻，青阳北路贯通南北，苏昆太高速公路跨越东西。村辖区面积5.35平方千米，31个村民小组，户籍人口3000多人，已形成4个新型农民住宅小区、

11个自然村，总人口约15000人。市北村党委始终坚持党建引领乡村振兴，以党建、发展、为民为主线，依托昆山乡村振兴支部书记学院和市北村党群服务中心、新时代文明实践站、市民驿站等平台，践行"一线工作法"，以"十讲十干十带头"为工作主线，推进基层党建和社会治理"全网融合"，实现了由穷到富、由丑到美、由后进到先进的蝶变，村民走上收入多元、保障多重、生活多彩的幸福之路。市北村先后获得"全国文明村""全国乡村治理示范村""国家级生态村""苏州市'智慧农村'示范村"等荣誉称号。

▶▶ 二、主要做法和成效

（一）智慧乡村，让治理更高效

在基础设施方面，市北村主要做了以下工作：（1）小区及自然村宽带网络、5G网络、数字电视覆盖率均为100%。（2）市北农场建设益农信息社，配备专职人员2名，并配套电脑、宽带网络，安装有农产品质量控制系统等相关服务软件。（3）村域内建有完善的监控安防设备，小区公共区域、楼道和自然村全覆盖，村域各死角的监控在逐步完善中。配套有昆山政务服务管理平台、周市镇集成指挥中心、昆山市网格化信息系统等40多个常用政务软件，完成与镇行政审批局互通的一体化服务平台，可提供248项行政便民服务事项，通过PC端、手机端开展各类工单、事件上报、处理等工作；设立网格化工作站，有一套较完善的工作系统。（4）探索数字乡村建设，已对接专业公司完成初步建设方案，有明确的智慧农村发展设计方向。

在治理精准化方面，市北村主要做了以下工作：（1）建设农村垃圾分类专用平台——苏州农村垃圾分类管理系统，对农村生活垃圾扫码率、分类质量、收运情况进行数据分析；农村污水处理目前由镇水务公司负责，对重点区域每月2次现场采样，非重点区域每月1次采样，对溶解氧、化学需氧量、氨氮、总磷、高锰酸盐指数5项重要指标进行监测；在智慧乡村方案设计中，计划在APP中开发村民"随手拍"功能，协助村"两委"更有效地开展美丽庭院、美丽田园建设，巩固农村人居环境治理成效。（2）安装"生态昆山"环保检查APP，专职安环网格员通过日常巡查走访，对村域内企业可能产生的污染情况进行搜集上报，并由镇财经局监督协调企业完善空气、土壤、水质自检（委托有资质的第三方检测并出具检测报告）；建设PC端软件——昆山市网格化信息系统及手机端软件——综治警务网格化，配合数字城管，以信息化结合"铁脚板"的方式,对全域内人居环境、生态环境进行全方位监测;制定符合市北村特点的村规民约,村规民约于2018年获国家七部委点赞;配合志愿昆山平台,注册成立3支志愿服务团队,人员总数约400人,参与农村人居环境整治、美丽庭院建设、垃圾分类入户宣传等各类活动;4个小区安装治安监控探头共332个,其中主干道186个、楼道124个、生活垃圾分类亭22个,11个自然村建设治安监控11套,扎口派出所统一管理,实现治安监控100%覆盖。(3)借助学习强国、昆山市基层党建信息管理系统及七星市北微信公众号,常态化开展主题党日活动、党史学习教育、先锋带头等党务工作,并通过自媒体组织党员在线学习,以线上线下相结合的模式开展各种活动。(4)配备全国清资核产平台、江苏省产权交易平台、苏州农村三资平台、苏州市产权交易平台、昆山农村三资平台,结合农地股份合作社有效运作,实现村集体资产稳步增长;通过昆山农村土地经营权信息应用平台为村民办理宅基地审批事项;村务、财务信息通过昆山智慧e阳光平台进行网上公开。

(二)云端办事,让服务更暖心

在服务均等化方面,市北村主要做了以下工作:(1)通过周市镇智慧政务系统为村民办理民政、计生、卫健等日常所需的高频次服务,通过五保系统为村民办理医保、社保服务,村民也可通过江苏智慧人社平台,在线自行办理灵活就业服务。(2)聘请第三方养老机构(乐惠居)开展市北村"幸福铃"老年人专项便民服务,为辖区内出行不便的残疾人、老年人群提供助餐、义诊、心理疏导等服务。通过完善市北锦苑老年人日间照料中心建设,为关爱人群提供一对一服务。

(三)数字农业,让产销更智慧

在产业特色化方面,市北村主要做了以下工作:(1)夯实传统农业基础,搭建市北农场平台,整合2600亩优质农田,采购烘干机、无人机等现代化设备,将生态农业与农业现代化相结合,推出"范潭大米"等品牌。(2)发展互联网农业,建立草莓、油桃、葡萄三大种植基地共600亩,以"线下批发+线上零售"模式,依托同城在线配送、网购平台、网络直播等新媒体直销模式,跟上市场节奏,大力发展互联网农业。目前,线上销售份额占整体销售份额的三分之一有余。(3)积极试点智慧农业,建设200亩丽达花卉园，培育郁金香、玫瑰、矮红枫等花卉、盆栽百余种，引入温室大棚智能控制系统，通过自动喷淋灌溉技术，结合传感器自动监测土壤温湿度、空气湿度、光照度等指标，调节适宜花卉生长的条件，增强作物的抗逆能力，提高作物的产量。目前花卉园每年稳定销售额达 900 万元。

▶▶ 三、经验启示

智慧乡村建设是实现乡村振兴的重要路径，是一项复杂的系统工程，需要在突出乡村特色、加大政策支持力度、强化人才培养等方面下功夫，不断破解发展中遇到的难题，满足农村居民对美好生活的向往。

（一）转变建设理念，突出乡村特色

智慧乡村建设一定要从乡情出发，充分考虑乡村的特点和需求，遵循乡村建设规律，实现"智慧"与"特色"有机融合，不能完全照搬照抄智慧城市的做法。要因时因地制宜，针对当地的主要矛盾和问题，选择适宜的技术手段，开发满足当地需求、适宜当地环境的技术产品。加大对智慧乡村的宣传力度，让智慧化、信息化观念深入每一个农民朋友的心中。通过对应用信息技术资源的汇聚推广，农民能感受到智能技术的实用性和对提升生产生活质量的助力作用。

（二）坚持政府主导，加大政策支持力度

探索建立政府、社会力量、基层组织、村民等多方主体共同参与，共建、共享、共赢的分工协作和利益分配机制，充分发挥各主体的智慧和优势，促进智慧乡村可持续发展。积极鼓励工商资本下乡，推动大企业与地方合作，吸引民间资本参与智慧乡村建设，逐步形成可持续的多元化投融资机制。强化农村信息基础设施建设，并采取项目补贴、以奖代补、贷款贴息、融资担保、政策性保险等多种方式，积极支持智慧乡村建设，促进智慧农业、智慧乡村旅游、农村智慧社区、智慧教育、智慧医疗和智慧治理等全方位深度融合。同时，不断优化支持智慧乡村建设的用地、用水、用电政策。

（三）加强人才建设，解决人才缺失问题

推进智慧乡村建设，人才短缺是一个重要的制约因素。要着力培养"智慧"农民，从根本上解决农村人才缺失、留不住人才的问题。借助互联网力量，通过电脑、手机、电视端等媒介将优质教育资源进行整合，有计划、有

组织地开展针对不同受众的多样化信息技能培训，鼓励并引导大家积极参与智慧乡村建设。继续推进"农家书屋"工程，全面优化"农家书屋"内容，通过定期举行"读书节""信息化技术推广日"等活动，激发农民学习热情，提高农民综合素质。要加大引才、育才、留才的政策扶持力度，鼓励人才下乡、"城归"回乡、民工返乡，打造智慧乡村建设专业人才梯队及培养机制，保障可持续发展。

"吴韵溇港"助力共建智慧吴溇

吴溇村通过打造智慧村务系统，以数字化助推基层治理模式创新，实施精细化网格管理，有力推动自治、法治、德治、数治"四治"融合。同时坚持党建引领社会治理，夯实基层治理基础，进一步促进社会沟通，改进管理服务，提升社会治理水平。

▶▶ 一、基本概况

吴溇是沿太湖三十六溇七十二港中排名最后的一条溇，是大禹治理太湖时留下的水系。吴溇村毗邻望湖村，南与沈家湾村、双塔桥村相连，西与浙江漾西镇交界，北望太湖，辖区面积5.6平方千米，其中耕地面积604亩、桑地172亩。村下辖22个村民小组，共有农户750户，总人口2962人。近年来，吴溇村在七都镇党委、政府的正确领导下，与时俱进，开拓创新，结合村实际情况，提出了"学习、宣传、服务、担当"八字方针，积极探索乡村社会治理新路径，疏通基层乡村社会治理的"毛细血管"，不断激活乡村社会治理的"动力源泉"，努力践行"我为群众办实事"的服务宗旨。吴溇村曾被评为"苏州市'智慧农村'示范村"。

▶▶ 二、主要做法和成效

(一)推动打通智慧村务系统落地基层"最后一公里",拓宽乡村智治路径

"信息多跑路,群众少跑腿。"数字化时代背景下的基层治理体系建设,离不开信息化手段的运用。为提升乡村治理现代化水平,结合村务管理和民生服务的需求,吴溇村积极打造智慧乡村信息系统,系统包含问题反馈、邻里共享、办事流程、基本概况、党建文化、工作状态、三公开、宣传信息等功能模块。吴溇村智慧乡村系统采用"3+1+1"的模式,即"三个端口(大屏展示端、PC端、手机端)""一个平台""一个让管理人员处理村务更便捷的宗旨"。吴溇村从村委会、村干部和村民等多主体出发,打造村务公开透明、决策公众参与的村务管理体系。

为进一步激发村民参与人居环境整治的内生动力,吴溇村智慧乡村系统的手机端,即"吴韵溇港"小程序的社会治理模块开发了人居环境拍一拍的功能。村民可以不受地域和时间等因素的限制,通过小程序以随时随地上传现场图片的方式,反映村庄垃圾、生活污水和村容村貌等相关问题。平台管理员在收到村民所反映的问题后的24小时内登记受理,72小时内处理办结,5天内反馈处理结果。

(二)依托精细网格化管理触发基层"神经末梢",站上乡村自治新高度

吴溇村牢牢树立"人民对美好生活的向往,就是我们奋斗的目标"的工作理念,主动将村干部联系方式、网格员、微信群、小程序等"哨子"递到群众身边,倾听群众声音,对群众提出的民生问题,统筹协调各部门以及社会组织共同解决,真正实现"民有所呼,我有所应"。

在太湖围网拆除的工作中,吴溇村的党员干部及志愿者们运用"大数据+网格化管理",跟随围网设施评估组实地评估,耐心、细致地做好老百姓的思想工作,最大限度地消除老百姓的顾虑,经过3个半月的长期作战,顺利完成119个签约任务。

吴溇村在开展三星康居村的建设工作中,网格长带队走访调研时发现,

群众反映最强烈的问题是村内环境卫生问题，为此，吴淞村党委召开环境整治工作会议，历时10天，在全体党员干部和村民志愿者的努力下，共清理积存垃圾1500吨，其中建筑垃圾900吨、生活垃圾600吨。

面对2022年年初突发的新冠疫情，吴淞村成立以综合网格主任为组长、综合网格副主任为副组长、3个网格长和3个村干部为组员的吴淞村疫情防控工作领导小组。在数据摸排方面，考虑到自然村小组长熟悉村内事务但不会操作智能手机的情况，共招募52名志愿者，实行村干部小组包干责任制，采用"1+1+N"的模式，即1名村干部带领1名小组长和几位志愿者，挨家挨户进行走访摸排登记工作，全面开展"敲门行动"，真正做到底数清、情况明，进一步筑牢疫情"防火墙"。

乡村治理是一张大网，吴淞村通过吸纳更多的社会力量参与社会治理，整合乡贤、老干部、党员等人员，发挥他们熟悉基层工作、经验丰富等优势，建立网格工作队伍，延伸乡村治理的触角，激活基层细胞，打通乡村治理的"神经末梢"，织密人人参与的社会治理共同体，积极打造让人民群众满意的平安吴淞。

（三）坚持党建引领推动基层党员"亮明身份"，提升乡村德治温度

吴淞村坚持将党的领导延伸到"网"、落实到"格"，成立3个网格支部、17个党小组，每个党小组配置4—5名党员，充分发挥党员的带头模范作用，进一步强化网格前端治理，提升为民服务意识。吴淞村将困境儿童、高龄独居老人、重度残疾等特殊困难群体纳入重点关爱对象，以党建为引领、以服务为宗旨，在村中推行"党建志愿服务"模式，定期开展"关爱老人、爱心理发""走出医院、走进社区"等系列党员志愿服务活动，为行动不便的老人和残障人士提供上门理发、免费量血压等服务，增强广大人民群众的获得感、幸福感、安全感。

在疫情防控工作中，吴淞村党委高度重视，积极响应，迅速行动，组建党员志愿突击队，以党建为引领，激发党员干部的党性意识和先锋意识，组织党员干部积极投身抗疫一线，彰显责任担当，齐心协力共克时艰，让党旗在战"疫"一线高高飘扬。面对来势汹汹的疫情，党员干部们纷纷第一时间要求参与到党员志愿突击队的队伍中来，主动投身于这场没有硝烟的战争中，与现任村干部及各位志愿者们奔走在防疫一线，用"党员红"守护"健康绿"，守护更多的吴淞"家人"。

过去，因信息不对等，村委会不能将为村民办实事的形象牢固树立在老百姓心中，村民们会下意识地把村委会放在自己的对立面，因此矛盾冲突频发。近年来，吴溇村村委会及党员干部通过上门为村民宣讲政策、组织党员干部定期学习和开展民情大走访活动等形式，切实解决群众提出的问题，不断拉近与村民的距离。在亨通凯莱项目的征地工作过程中，吴溇村村委协同亨通凯莱度假酒店定期走访慰问困难群众，以心交心，征地工作逐渐得到村民的普遍支持，工作得以顺利开展。

2018年至2022年，吴溇村从全镇考核最后一名到名列前茅，4年时间里，吴溇村党委紧紧围绕"学习、宣传、服务、担当"八字方针，做到了以下几点：一是通过定期组织全体村干部学习相关的法律法规，积极开展党史学习教育，充分发挥"铁脚板"优势，让党的理论知识飞入寻常百姓家。二是群众在哪里，志愿服务就延伸到哪里，结合民情走访活动，每名村干部联系到户，把政策宣讲、关爱服务和矛盾调解送到群众家门口。三是勇于担当，在疫情防控和抗洪防汛等工作中，吴溇村党委充分发挥"主心骨"作用，由村党委书记带队，全体村干部亲自上阵，带头冲锋，开创工作新局面。

▶▶ 三、经验启示

（一）注重平台建设，提高数字化乡村治理能力

依托大数据和地理信息技术，不断丰富应用场景，将村庄规划、环境整治和村庄治理等信息融入数字一张图平台，优化运行方式，用数字化赋能乡村治理。

（二）融合数字平台，提供一站式服务

数字乡村建设要借助相应的数字平台载体，同时又要警惕舍本逐末，导致平台建设复杂化。要将相关平台化零为整，相关载体化繁为简，相关用户化少为多。整合针对数字乡村建设的不同服务平台，为村民办事提供一站式服务，将多余的平台归一化、烦琐的程序简单化、复杂的操作清晰化，全面提升在线行政服务的智能化水平。关注不会使用智能手机的农户，开展有针对性的教学培训，帮助其掌握基本的使用技巧。

（三）加大投入，争取多方支持

建议上级部门对于已有成效的乡村继续支持，具有潜力的乡村重点扶持，

发展滞后的乡村专项扶持。同时要大力吸引相关企业进入，对于具有产业优势的乡村，支持龙头企业进入投资，在生产、加工、物流和销售等方面开展合作。另外，可以号召社会组织介入，针对数字乡村建设中的部分服务功能，提供培训或者志愿服务。

数智赋能乡村振兴，发展"园村合一"的莺湖路径

莺湖工业园（村）创新探索"园村合一"的发展路径，坚持党建引领，紧扣绿色低碳、数字智能发展，积极搭建数字乡村平台及应用，系统谋划产业空间布局、公共服务配置、美丽乡村建设等，不断激活园区、农村经济发展活力，以智慧赋能，为乡村振兴注入动力。

▶▶ 一、基本概况

莺湖工业园（村）区域面积12.51平方千米，与盛泽北角村相邻，西接万心村，南至哺鸡港，与盛泽荷花村交界，北面至莺湖桥，下辖50个村民小组，40个自然村庄，涉及农户1561户，人口5340人，外来人口超15000人。区内有企业近600家，产业以纺织织造为主，有党员355名［其中"两新"（新经济组织、新社会组织）党总支党员152名］。2021年度，莺湖工业园（村）获得"江苏省文明村""苏州市'智慧农村'示范村"等荣誉称号。

二、主要做法和成效

（一）以精简高效为目标，加强队伍建设

1. 创新"1+4"办公体系

"园村合一"的管理模式是一套班子、两块牌子，即莺湖村和莺湖工业园，以莺湖工业园管理办公室为主体，设置综合协调部、环境安全整治部、建设规划部、农村工作部4个部门，这一管理模式被称为"1+4办公体系"。"1+4办公体系"改变了原有的村级发展模式，各部门实行民主协商决议，既各司其职，又紧密结合，为工业园经济社会发展提供了新的服务模式。

2. 强化队伍日常管理

莺湖工业园（村）建立周例会、月度例会、"两委"班子会议"三会"制度，配备专员编写会议纪要，确保项目工作连贯不断档、不拖拉。完善工程管理、财务管理、重大事项民主决策制度，开展自我总结、互评互批、年轻干部座谈等多种形式的教育活动，提高队伍整体水准。

3. 从严从实转变作风

莺湖工业园（村）坚持开展"我为群众办实事"，践行"两在两同建新功"，领导干部身体力行、以上率下，全体工作人员全年参与"晨巡、日访、夜查"行动，形成"头雁效应"，广大党员参与防台防汛、疫情防控、人居环境整治等重点工作。

4. 聚焦阵地建设

莺湖工业园（村）新建党员活动室、议事协商室、心理咨询室、新时代文明实践站等功能性阵地，签署了3份党建共建协议书，联合共建文明城市，联合学校、机关部门、社会单位开展反诈宣传、垃圾分类宣传、招聘宣传、法治讲座、道德讲堂、健康讲座、亲子活动等，并初显成效。功能性阵地已成为党群之间的关系纽带，以及党员学习党的方针政策、相互学习交流、提高政治站位的重要场所。

（二）以数智赋能为抓手，推动基层治理现代化

1. 紧扣数智便民的服务宗旨，践行一个初心

通过"互联网+综合治理"，紧跟上级"大数据+指挥平台+基层治理"工作模式，2021年利用平望镇联动指挥平台，处理村内垃圾、污水、人居环

境整治、企业污染的投诉911条，群众满意度达98%以上。利用出租房智慧平台完成备案、登记工作，出租房房东备案完成率已达100%，租客备案2000多人，完全登记的自然村有10个。

通过"互联网＋党建"，围绕平望镇智慧型党建、信息化党建工作模式，运用红色领航、智慧党建平台功能，通过信息推送邀请党员、群众参加各项活动，在线部署工作，动员更多党员群众为党建工作与经济建设出谋划策，实现线上线下同频共振。

通过"互联网＋村务管理"，结合农村集体资产资源清产核资工作，综合利用"三资"监管平台和农村产权交易平台，建立资产资源管理台账和合同规范化台账，并运用村公开栏，逐步形成了以"数据共享一网通、管理责任一单清、阳光村务一点明"为特色的村庄。公开透明的民主监督模式，得到了群众的欢迎和支持。做优农村集体资产资源清产核资工作，所有到期合同应进必进，全部通过产权交易平台招标和续租，完成率达100%，合同全部规范化。

2. 秉持认真严谨的办事态度，赢取一个放心

新冠疫情暴发后，为有效有序管理大量外来务工人员，莺湖工业园（村）研发开通防疫信息化平台，详细记录报备人员行程码、健康码、核酸记录等信息，进行"云"储存，做到人员管控到位，信息追踪到位。同时，编写防疫手册，助力复产复工。

莺湖工业园（村）内的平望复兴公墓创新推出移动服务平台平望复兴公墓微信公众号后，居民可通过手机APP进行墓穴查询、云祭祀、自助缴费、委托祭祀等服务。清明期间，上万名群众通过APP申请了预约祭祀、云祭祀等服务。居民根据手机平台数据反馈，错开人流，快速有序地完成祭祀工作，既遵守了疫情常态化防控管理，又满足了村民清明期间的祭祀需求。

莺湖工业园（村）结合村基层政务服务中心、站点等，接入构建一体化政务服务平台。平台不断提档便民服务中心的服务，贯彻实施全科社工AB岗制度，温馨提供代办服务，完成OCM（网上商务管理）模式改造。村部安装政务服务自助一体机，功能涵盖政务服务、市民卡服务、生活缴费、社保医保缴费查询，可打印不动产、电子证件照、学历、婚姻等相关证明，免去群众跑腿，畅通"最后一公里"。

社区卫生服务站运用家庭医生平台，提供家庭医生签约＋服务需求移动

应用，集居民管理、随访管理、医生咨询、健康教育等服务于一体，同时以党群服务中心为依托，积极与各大医院对接，每年开展老年人慢性病、企业职工职业病诊疗义诊活动各不少于4次。

3. 保持争先敢为的创业激情，凸显一个决心

以"园村合一"模式发展的莺湖工业园（村），区域范围广、企业众多，外来租住人员杂、流动性大，为有效管理居民租房安全，村紧跟新发展阶段智能管理发展趋势，推进出租房合规化改造 + "云旅店"体系，全面统筹消防安全、人口管理、智能生活等方面的事务。推进民生治理与互联网、大数据等技术深度融合，率先推进智能门锁及烟感报警器联动的智慧化管理进程，逐步推广标准化智能门锁安装。推进基层"智慧守护"，服务空巢、独居老人，线上线下紧密结合。

莺湖工业园（村）紧跟平望镇探索"政企合作""项目嫁接""兼并重组""企企联建"等方式方法，促使企业加速推进"智改数转"，对标对表打造产业有机更新示范标杆。依托"三优三保""三治"任务腾退土地，科学规划，坚持以"亩产论英雄""绿色低碳论英雄""智能科技论英雄"为导向，结合平望镇企业生产智慧监管平台各项指标综合考量，逐步减少和消化C、D类企业，充分盘活低效存量资源，强化土地要素保障，提高产业用地利用效率，拓展产业承载空间。2021年经严格招商筛选，苏州平望莺湖产业更新示范园一期（智合双碳产业园）项目正式完成签约。示范园以村企共建拉响发展引擎，从"开发"到"管理"，村企合作提升发展能级，从"效率"到"效益"，拓宽发展路径，激活乡村振兴新动能。利用企业多的优势，莺湖工业园（村）正积极打造新型物业项目，以提供物业、保洁等生活服务，参与乡村建设等，提升乡村生产生活服务水平。吸纳村内劳动力，提升村级经济的同时，帮助村民提高就业率。持续推进企业"5G+智慧烟感"模式，形成"无险时时管，有险立刻知"的局面。大力发展新型物业项目，新建标准厂房、邻里中心、商业店面和集宿楼，立足需求创新服务理念，提升精确度，突出亮点，打造特色化，增强居民的获得感。

三、经验启示

（一）传承红色基因才能永葆活力

坚定不移听党话、跟党走，高效统筹疫情防控和经济社会发展，以深入

推进党建引领为抓手,加快延伸到全领域、最末端。紧抓机遇、奋发作为,以体制改革为切入点,以百姓和企业的需求端为导向,设计改革,推动改革,跟踪问效改革成果,实现党旗在一线高高飘扬的应有之义。

(二)看准品质打造才能行稳致远

用绣花功夫推进村企融合发展,全面对标文明典范建设要求,力促美丽乡村建设有颜值更有内涵。不断培育数字产业集群,加快延伸本土产业链,持续激发产业富民属性。坚定把品质作为头号打造目标,全力塑造新地标、新场景,力争"最美窗口""闪亮一景"。不断把"园村合一"的工作路径归纳、提炼为量化指数,提取共性指标,结合自身个性指标,不断完善,实时了解各项工作的进度,以便督促指导、综合性考量和评估,使管理和决策能够更加高效。

(三)树牢拼搏意识才能攀高争先

要以"起步就是冲刺,开局就是决战"的奋斗姿态投入各项中心工作,莺湖工业园(村)数智赋能产业有机更新、农村有机更新,率先破题完成示范园、示范项目,靠的是拆违10万平方米、腾退300多亩用地的拼搏精神。从目标中找到后续发展的动力源,少谈客观原因,多谋主观努力,紧盯高质量考核目标,才能在各项工作中攀高争先,加快建设智慧农村。

"治惠东联"，以小平台发挥大作用

乡村振兴，产业是根本，现代化治理是保障。近年来，东联村全力推进智慧农村建设，以实际行动为乡村振兴增效赋能。数字乡村战略为乡村振兴插上了腾飞的翅膀。一幅数字治村的发展画卷，已在长三角一体化发展示范区先行启动区的东联村徐徐展开。

▶▶ 一、基本概况

东联村位于长三角一体化发展示范区先行启动区吴江汾湖高新区东北部，东临上海大观园，南靠元荡，北依古镇周庄，开车至上海17号地铁线（东方绿舟站）仅需20分钟。村庄里小桥流水，粉墙黛瓦，苍翠茂盛的绿植与苏式建筑交相辉映，张翰纪念馆、莼鲈文化园等网红打卡点点缀其中，尽显江南水乡美丽底色。

东联村下辖许庄、新村、树巷上、枫里桥、华字5个自然村和1个农村新型社区（莘东新村动迁小区），共有37个村民小组，总户数约1050户，户籍人口约3400人。较大的辖区范围为乡村治理增加了难度。为加快推进乡村管理向乡村治理、点上治理向全域治理转变，东联村在全区率先探索打造"治惠馆"，将数字技术融入农村治理的细枝末节，全面打造农村治理高效化、服务便捷化，不断提高村民的幸福感和获得感，为实现乡村振兴提供有力支撑。东联村已获得"江苏省卫生村""江苏省社会主义新农村建设先进村""江苏省文明村""江苏省特色田园乡村""苏州市'智慧农村'示范村"等荣誉称号。

▶▶ 二、主要做法和成效

东联村坚持党建引领，以智慧赋能乡村治理现代化应用，通过"治惠东联""村级最强大脑"的创建，构建东联村大数据平台，让村庄管理更高效、治理更创新，让"有事依法办，文明一起创，家园共同建"成为乡村治理"主旋律"。

（一）党建引领，筑牢基层组织堡垒

东联村党委下设6个党支部（许庄党支部、树巷上党支部、华字枫里桥党支部、新村党支部、莘东新村党支部、龙江工业小区党支部），现有党员114名。东联村党委始终坚持党建引领，推动各项工作高效运转。坚持以建设、推进基层服务型和法治型党组织为统领，抓基层打基础，抓班子带队伍，抓亮点求突破，扎实推进党建工作。通过"三会一课"经常性传达各项方针政策，结合"双亮一考三服务"，推动党员干部争做改善环境的"践行者"、服务群众的"排头兵"。东联村党委曾获"苏州市先进基层党组织""吴江区融入式党建示范点"等荣誉称号。

东联村以"党建+"模式，将党建工作与中心工作紧密融合，结合"治惠东联"大数据平台，在农村人居环境整治、文明城市创建、垃圾分类、防电信诈骗等工作中，实行分片包干制度，村"两委"班子成员挂钩一个包干小组，以支部为单位，每周结合中心工作将巡查的各类问题反馈至平台，同时每月开展主题党日活动，确保党建工作落地有声。

（二）智慧平台，构建村级"最强大脑"

"治惠东联"信息化平台融合网格闭环管理、智慧远程调解、智能垃圾

分类等多项便民服务功能，实现农村管理和决策的智慧化，全面提升农村管理高效化、服务便捷化。

1. 数据信息化织就村级管理智慧网

"治惠东联"信息化平台包含三大中心系统：全面感知中心、事件调度中心、数据资源中心。全面感知中心和数据资源中心采用先进的数字技术，生动还原东联村房屋、道路、绿地、河湖等场景，形成全面的、能切实服务于实际工作的村服务管理数据资源中心库，实现东联村管理与服务关键指标的聚合呈现和运行状况的全面感知。事件调度中心则相当于村里的"微网格"，形成了"巡查—反馈—处理"闭环机制。分片责任小组的每位工作人员都有自己的 PC 端和手机端账号，在巡查中发现问题就能及时用手机定位上报，还能任务转派，实现快速处置和流转，同时可随时查看事件处置流转流程中各个环节的详细情况，增强了责任意识，提高了工作效率，成为村里的"智慧管家"。

2. 乡村法官驿站实现远程调解

东联村法官驿站设置了智慧远程调解系统，村民有相关需求，在法官驿站就能直接与法官互动交流，得到专业的法律解答。驿站实现了全覆盖、全时空、全领域排查化解社会矛盾纠纷，发挥了人民调解员、法律顾问的作用，让村民享受到了高效便捷的"智慧调解"服务，真正实现小事不出村、大事不出镇，矛盾纠纷就地化解。

3. 智能化解决垃圾分类难题

东联村每户村民家门口的垃圾桶旁都有一个公示牌，上面除了垃圾分类知识，还有一张评分表，上面记录着每户村民每天的垃圾分类投放情况。与此同时，这些信息通过垃圾桶上的芯片与垃圾收运车上的仪器对接，录入村里的智能垃圾分类系统。村里根据系统中的数据对村民的垃圾分类情况进行考核，并将考核结果换算为积分，村民可凭积分换取小礼品。智能垃圾分类系统还能通过垃圾收集车的一体化智能车载秤及扫码端口，对厨余垃圾自动称重、拍照、扫码，数据及时传输至系统后台，简单便捷。

（三）数字赋能，激活绿色发展动能

将基础地理信息与各类农村信息、巡查信息相结合，建立统一的智能海量数据资源管理平台，可以将分散的农村基本数据转变为信息资源，实现农村数据信息化，提高基层治理业务能力，为农村监管和辅助决策提供支撑，实现了农村管理和决策的智慧化。东联村通过创新基层治理方式，将智治融入实际工作中，打造产业美、生态美、生活美、素质美的美丽乡村，各项经济社会事业实现了显著发展。

1. 实现问题处理及时化

东联村的分片包干小组成员在分配区域内进行巡查，发现问题经GPS定位，自动记录位置，上传系统，从发现问题到解决问题，仅需5分钟，建立问题处理的长效机制。自"治惠东联"信息化平台运营以来，共解决包括村容村貌、环境卫生、公共设施管理等问题600余件，实现了乡村治理线上化、透明化、智能化，共建、共治、共享的乡村治理格局日益形成，保证了村居的稳定和谐。

2. 实现人居环境可持续

东联村做到了人人参与美环境，家家争当先进户。智能垃圾分类系统实时监控村庄生活垃圾收集情况，积分奖励的方式调动了村民的积极性，农户参与率100%，垃圾分类正确率达95%以上。村里每个月还会开展环境先进户评比活动，共评选出环境先进户200多户。村民参政议政的积极性不断提高，村务决策的民主性和科学性不断增强，乡村充满活力、和谐有序。

▶▶ 三、经验启示

（一）以自治为基础，激发共建合力

东联村建立"微组织"，发挥村民主体作用。组建党员议事会、村务监督委员会、巾帼护绿队、乡小贤青年队等，将群众信得过、有威望的农村党员、村民代表、青年积极分子团结起来，形成共治合力；同时修订村规民约，出台《人居环境整治农户达标导则》，用村规民约推动村民自我管理、自我监督、自我完善，成为凝聚党心民心、带动民风的重要举措。

（二）以法治为保障，构筑善治格局

东联村在工作中聚焦发展中的矛盾与问题，努力提升村级治理法治化水平，将村级事务纳入法治轨道，实现规范运行。落实法律顾问制度，为党组织民主决策提供法律帮助，依托"法润民生"等平台，统筹人民调解室、社区网格、法官驿站等力量，大力开展普法教育，有效促进了村庄的和谐稳定。

（三）以德治为支撑，厚植文化情感

在社会治理中，东联村以新时代文明实践站为抓手，发挥老干部、老党员等的作用，切实发挥德治的基础作用，共塑乡村文化，引导村民崇德向善。建立"乡小贤""阿婆茶""红润联育"等微品牌，通过开展道德讲堂、新时代文明实践户等活动，进一步提高乡风文明程度。同时建立村级宣传队，让村上的"民星"，如戏曲爱好者、广场舞爱好者等都成为倡导乡风文明的"小喇叭"；定期开展文化惠民活动，持续传递正能量。村里的文艺队队员还把传承家风和爱党爱国的内容编成地方小调，用说唱的形式表演给村民，真正做到了传承家风家训，弘扬传统美德。

（四）以智治为依托，提升治理效能

依托"治惠东联"信息化平台，东联村的基层治理进入智能时代。按照分片包干划分"微网格"，村民有任何需求，志愿者服务队都可以及时介入，并将相应事宜和具体需求输入，提交至"治惠东联"信息化平台进行流转，方便村内工作人员配合工作并相互监督。同时，东联村加快建设大数据综合服务平台，将数据应用于产业发展、民生事业、环境治理等各个方面。

聚焦乡村治理，精准化打造智慧农村的"北联样板"

吴江区同里镇北联村围绕现代农业产、供、销集聚打造产业链、创新链、价值链，以"粮头食尾"为主线，以智能改造为抓手，以生态体验为特色，着力构建要素齐全、绿色高效、合作共享的现代都市农业新格局。

▶▶ 一、基本概况

北联村地处吴江区东北端，背靠苏州市区，东连上海市，地理位置优越。全村区域面积12.83平方千米，户籍人口6217人，是吴江区户籍人口最多和土地规模最大的行政村。2007年，同里农业科技示范园落户北联村，2015年，示范园升级为吴江国家现代农业示范区。2021年，村域内现代农业总产值已突破8亿元，游客接待人次近20万人，村集体可支配收入达1393万元。

近年来，北联村在省、区、市、镇等各级领导部门的关心和支持下，通过数字赋能乡村产业发展和乡村治理，推进数字技术与农业农村的深度融合，努力打造吴江智慧农村的"北联样板"。北联村先后获得"中国美丽休闲乡村"、国家级、"'美丽乡村'创建试点村""苏州市'智慧农村'示范村"等荣誉称号。

▶▶ 二、主要做法和成效

（一）聚焦数字赋能，打造智慧农业新场景

北联村围绕农业园区智慧农场生产场景建设，充分引入数字化技术手段，构建"天空地"一体化智慧支撑体系，打通"耕、种、管、收"全流程。

1. 当好"试验田"

积极开展产学研深度合作，先后与中国农业科学院、南京农业大学等科研机构和重点高校合作，试种"宁香粳9号"等新品种，为农业科技创新提供一手资料。成功举办全国、全省优质稻产业化现场观摩交流会。全面试点推进粮食育秧新技术，开展钵苗机育秧，推广水稻硬地育秧，引进秸秆育秧基质盘生产技术，实现园区内"硬地育秧+立体育秧"全覆盖。

2. 探索"无人化"

积极引进农业大数据"独角兽"北京麦飞科技团队，启动实施基于无人机视觉、光谱遥感技术的数字种植场景建设，推广运用无人驾驶插秧机和收割机，推进北斗卫星在农业领域的应用，打造水稻生产智慧管理示范园。成功举办全国智慧农业改革发展大会，农业企业紫晶园艺获评省级数字农业示范基地。

3. 拓展"新领域"

发展"农业+"新业态，着力培育高效设施园艺15家、特种水产养殖3家、农产品配送物流4家，支持发展农产品电商销售主体10个，建设网店15个，全年农产品电商销售额超过5000万元。

（二）聚焦品牌培育，打造绿色生产新模范

1. 打造绿色基地

高质量推进"万亩绿色大米"产业集聚，积极开展稻鸭共作、稻虾共作、有机稻种植，以全镇成功创建省级绿色优质蔬菜基地为契机，推动农业园区苏州江澜生态农业科技发展有限公司的高标准蔬菜基地、苏州三港农副产品配送有限公司的绿叶菜基地、苏州市润汇农业发展有限公司"菜篮子"

流通体系建设，并成功通过市级验收。

2. 提升加工能力

鼓励引导村合作社、种植大户改变传统销售模式，引进碾米烘干设备，将稻谷加工成大米成品进行销售，村民收入大幅提升。支持入园企业与江南大学合作共建健康主食产业园，引进全谷物杂粮同煮同熟先进技术，进一步提升粮食生产全产业链的技术水平和产品质量。

3. 深化品牌塑造

以"吴江大米"区域公用品牌为引领，实现优质农产品品牌化发展，将"富蘇"品牌与有机大米深度结合，努力打造具有影响力的优质大米品牌，通过参加东亚国际食品交易博览会、农展会等综合性农产品展示展览会议，持续打响"吴江大米"品牌。

（三）聚焦农文旅融合，打造休闲农业新标杆

1. 扮靓美丽乡村

深入开展农村人居环境整治提升工程，考核成绩持续进入区红榜，洋溢港完成省级特色田园乡村创建，田野综合体一期工程顺利完工，新增观光栈道、休闲步道、观光塔、景观桥、水上花田等配套设施，总投资超1200万元。

2. 厚植农耕文化

积极打造北联油菜花节、农民丰收节、彩色稻作节三大特色节日IP，其中北联油菜花节成功举办了十三届，年吸引游客数量约20万人次，彩色稻作节展示农民所做的稻田画接连在央视媒体上报道。

3. 创新体验生态

深挖稻谷产业文化内涵，围绕稻田画、智慧农业场景、特色田园乡村等亮点，不断串联农耕文化元素，打造精品乡村游路线。积极创新农文旅融合新场景，在稻田中打造"米其林稻米"午餐品牌，推出"鸡头米君"农事主题日系列活动，不断丰富乡村旅游体验生态，全年休闲农业创收超4950万元，带动长期就业人数超1100人。

（四）聚焦乡村治理，打造智慧农村新景象

乡村治理不是少数人的事情，乡村治理离不开村民参与。一是通过村务公开，扩大村民的监督和参与度，加大自我管理力度；二是建立村民协商议

事机制，利用"同心港"党建小屋开展"有事好商量""百姓议事""两代表一委员"接访活动，修订完善村规民约，提高村民自治水平。三是强化网格化管理。以"一长三员"模式管理综合治理网格，即每个网格设置1名网格长、1名网格巡查员、1名网格警务员和1名网格督导员，及时有效地调解各类纠纷问题。大力培育服务性、公益性、互助性社会组织，形成广覆盖、多层次、社会化的基层治理格局。

三、经验启示

（一）智慧农村激发产业振兴活力

产业兴旺是乡村振兴的基石。智慧农业提升了精细化和高效化的作业水平，有利于农业产业的改造升级。生产领域内，智能化的管理客观上节约了人力成本，优化了工艺流程，提高了产品质量。智慧农业推动了农业新业态的发展，无人机植保、农机自动驾驶、农村电子商务的推广，能够更合理地配置整个农业产业链的有限资源，提升农业全产业链的价值。

（二）智慧农村打下生态振兴基础

生态振兴是美丽乡村建设的重要内容。北联村在建设智慧农村的基础上，进一步推动农业绿色发展，落实生态振兴战略。通过专业设备实时监测水、大气、土壤等环境因素的标准化水平，借助智能设备检测农药残留等是否符合绿色产品的质量要求，既确保了整个环境符合生产要求，又保障了人们"舌尖上的安全"。

（三）智慧农村助力农业农村现代化

北联村以实干求成效，以党建促发展，以智慧农村为抓手，围绕率先基本实现农业农村现代化的工作目标，加强村级数字化工作队伍建设，全面提升农村产业发展、乡村治理和乡村服务水平，使广大农民群众有了更多的获得感、幸福感、安全感。

提升农民数字素养，打造"智慧沧洲"新模式

沧洲村打造横扇街道首个数字管理平台——"智慧沧洲"，切实提升农民的数字素养，让农民对"智慧消防"技能融会贯通，对"智慧农业"操作更专业，在"智慧生活"中掌握数字技能，在电子商务中学会"智慧致富"，用数字经济赋能高质量乡村振兴。

▶▶ 一、基本概况

沧洲村位于吴江区横扇街道，三面紧依河湖，东邻三级河，南靠太浦河，西北端为太湖。辖区面积4.43平方千米，有24个村民小组，19个自然村，有常住人口2800多人，流动人口近3000人。

沧洲村90%以上的村民都从事羊毛衫生产经营或与之相配套的工种，羊毛衫产业也因此成为沧洲村的富民产业。随着电商的快速发展，沧洲村加快了数字化发展的步伐。沧洲村建成了横扇街道首个数字管理平台——"智慧

沧洲"，汇聚村内事件、人口、党员、房屋、电商等数据，形成全面的、能切实服务于实际工作的村服务管理数据资源中心库，实现对辖区内各项事务的监督及管理。沧洲村曾先后被评为"江苏省民主法治示范村"及"苏州市'智慧农村'示范村"。

▶▶ 二、发展历程

2020年以前，沧洲村的"智慧化"建设主要为数字电视（含宽带入户）和村内监控体系建设，村民对数字技术的运用也局限于在淘宝、天猫等平台开设网店。

2020年4月，"智慧沧洲"建设全面启动后，沧洲村迎来了数字化发展的新阶段。沧洲村紧紧抓住"智慧"二字，与江苏有线吴江分公司联合开发农业农村数字化系统，打造多功能一体的沧洲村综合管理平台，通过人、物、网的连接，分层分级、分门别类地构筑智慧平台。2020年7月，建成"智慧消防"；9月，"智慧农业"平台启用。2021年年初，建成"智慧警务"，实现了农户的一户一档，外来人员也被纳入管理系统；2021年下半年，全村村民实现了"智慧生活""智慧政务""智慧医疗""智慧教育""智慧养老"等，村民都能通过数字化平台获得服务。同时，电子商务也进一步发展，绝大部分村民实现了"智慧致富"。

▶▶ 三、主要做法和成效

在"智慧沧洲"建设中，沧洲村边实践边探索，将落脚点放在农民数字素养的提升上。只有农民真正掌握了数字技能，提升了数字素养，才能使各平台有效运作。

（一）让农民对"智慧消防"技能融会贯通

沧洲村的绝大多数农民都从事作坊式的羊毛衫生产，村安全生产工作显得尤为重要。考虑农村宽带入户率已达到100%，4G、5G建设均已全面覆盖，2020年，沧洲村开启"智慧消防"项目，为安全生产保驾护航。

沧洲村与江苏有线吴江分公司联合建立的沧洲村综合管理平台为数字乡村建设提供了支撑，并利用该平台数字化管理功能，推行"人防+技防"消防安全治理模式。村内建起了1个中心微型消防站和13个微型消防站，并配备消防器材仓库、消防水车和巡逻车。村民家家户户安装智能烟感器，其感应系统连接沧洲村综合管理平台。

同时，村里还招募了80多名村民志愿者，这些志愿者的手机端安装有相应的APP，一旦哪户人家烟量超标，通过智能烟感器的感应，离事发地最近的迷你型消防站会自动打开，志愿者的手机端也会获得警报，可通知有关人员到消防站提取各类器材，进行及时救援。

为了让80多名志愿者熟练掌握APP应用技能，村里委托平台开发公司对其进行培训，并通过这些志愿者去辅导更多的群众，让他们有效了解智能烟感器的性能、工作流程、故障报修等，主体人群的"智慧消防"技能得到提高。

（二）让农民对"智慧农业"操作更专业

作为村级数字化发展的中枢神经，沧洲村综合管理平台也为农业信息化发展提供了支撑。

2019年11月以来，沧洲村通过农田修复和平整，建成连片农田1700多亩，现为省级高标准农田。2020年，沧洲村加强智慧农业信息化板块建设，整合农技、农机等资源要素，通过物联网、可视化监控等技术手段，实现远程务农、专家分析、产品溯源等场景应用。同时，结合小型气象站，对空气质量、土壤环境进行实时监测和数据上传，为发展农业生产提供一手资料。此外，持续改善农田生态，完善配套农村基础设施，建设绿化村道、生态驳岸、美化村景，带动粮食产业、蔬菜产业、观光农业等发展。

信息技术在农业中的应用，同样离不开农民对数字技能的掌握。为此，沧洲村组织种植大户进行数字技能培训，并鼓励回乡大学生积极投身乡村智慧农业建设，利用假期到村里学习、实习，呼吁他们毕业后回归家乡，为乡村振兴贡献青春力量。

（三）让农民在"智慧生活"中掌握数字技能

为了让广大村民具备熟练的数字操作技能，沧洲村从打造"智慧生活"开始，让村民充分感受便利，促使他们在实际应用中不断提高技能水平，提升数字素养。目前，沧洲村的"智慧生活"涵盖了智慧政务、智慧医疗、智慧教育、智慧养老等诸多方面。

1. 智慧政务

沧洲村在村部门口设立了24小时自助政务服务间，安置政务服务自助一体机，村民可以持身份证自行进行各类信息查询。

2. 智慧医疗

沧洲村卫生服务站的各项基础设施完善。服务站配有 2 名医护人员，能熟练运用基层医疗卫生信息系统为村民防病治病提供病情管理、数据对接等智慧医疗服务。服务站还引进京东方一体化体检设备，集合超声波身高体重秤、人体成分分析仪、无创多参数检测仪等功能设备以及配套自助体检管理软件，上传医疗仪器数据，实现数据的远程存储，方便村民进行健康自检、健康评估。

3. 智慧教育

基于"智慧广电"公共服务平台，村里通过有线电视为村民提供农业知识教育培训。引入"农情万家"应用，对接吴江区农业农村局信息类栏目，提供农业农村生产生活在线教学培训。

4. 智慧养老

沧洲村日间照料中心配有数字电视、电脑管理系统、智能烟感等现代化设备。村里培训专业的管理人员为老年人提供全方位照护服务。村里还给老年人提供智能手环、红外体温计、人体成分分析仪等仪器设备，委派专业人员一对一为老年人提供帮助，教会老人们使用仪器设备和上传数据信息等技能。村里可通过后台实时了解老年人的生活状态，更好地为老年群体提供养老服务。

（四）让农民在电子商务中学会"智慧致富"

沧洲村羊毛衫产业发达。该产业兴起于 20 世纪 80 年代，是村民致富的主要途径。全村羊毛衫生产经营户众多，拥有完备的羊毛衫生产体系，共有羊毛衫生产代表企业 12 家，家庭作坊生产户 252 户，其他村民多数从事羊毛衫生产链上的工作。

近几年，电子商务蓬勃发展，村里因势利导，积极培育电子商务带头人，对村民开展电子商务培训，让一部分人走出了一条从淘宝、天猫到抖音、快手直播营销的致富路，借此带动更多人从低端销售走向"云端销售"，走上"智慧致富"之路。

四、经验启示

在社会主义现代化发展进程中，乡村振兴是必经之路，在这条路上，数字乡村建设是重中之重。沧洲村在边实践边探索的过程中，获得了以下启示。

（一）必须持续推进乡村数字化基础设施建设

数字乡村建设离不开完善的基础设施，在不断推动互联网普及的同时，需要有效提升互联网的服务能力，建设更高速率和更快处理速度的乡村通信技术网络，推进乡村 5G 网络的深度开发与建设，同时设计出适合"三农"特点的信息终端、技术产品，帮助农民实现高速上网。

（二）必须深度构建数字化乡村治理体系

"智慧沧洲"建设不能简单理解为现代信息化技术在乡村治理中的应用，其更多的是对乡村社会关系、社会结构的重塑，为农村人居环境改善、乡村经营状况提升、乡村治理智慧化等工作带来改变。同时，可以开通网上建议平台，广泛收集农民农村信息，挖掘有价值的数据，为政府科学决策、精准助农等提供依据。

（三）必须进一步提升农民数字素养，培育数字人才

提升农民数字素养不是一朝一夕的事，而是一个长期的过程。对不能够熟练使用智能手机的老年村民，要开展有针对性的教学培训，帮助他们克服畏难情绪，用更加简单易懂的方式，帮助他们掌握基本的使用方法，让他们切身体会到数字服务的便利，收获幸福感。要想方设法吸引和培养优秀的数字人才，争取以"羊毛衫电子商务"为抓手，吸引年轻人回归乡村，进一步释放数字红利，加快乡村振兴步伐。

乡村智慧化助力擦亮"美美江村"金字招牌

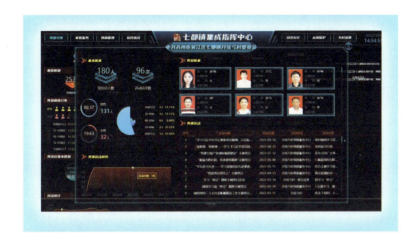

乡村振兴战略是党提出的一项重大战略，是关系全面建设社会主义现代化国家的全局性、历史性任务。为应对乡村振兴所带来的机遇与挑战，开弦弓村积极作为，切实推进智慧化在经济发展、便民服务、治理创新等方面的积极作用，努力实现乡村现代化、信息化、智能化的生产生活方式，助力擦亮"美美江村"金字招牌。

▶▶ 一、基本概况

开弦弓村地处长江三角洲的太湖东南岸七都镇，南靠沪苏浙高速公路，东跨苏震桃一级公路，庙震公路穿村而过，交通便利。2001年行政区辖调整时由原开弦弓村和西草田村合并而成，下辖5个自然村，村域面积4.5平方千米，有25个村民小组，农户740户，常住人口2842人。开弦弓村先后获评"中国名村志文化工程""全国乡村治理示范村""江苏省生态文明建设示范村""江苏省民主法治示范村""江苏省创建景观旅游示范村""江苏省特色田园乡村""江苏省'美丽家园'省级示范点""江苏省传统村落""江苏省乡村旅游重点村""苏州市'智慧农村'示范村"等多项荣誉称号。

作为自然村落的开弦弓村,傍依在一条东西向、弓弯的小清河两岸,从高空俯瞰,南村像弓,北村像箭,村名由此而来。开弦弓村又叫江村,是已故社会学家、人类学家费孝通教授长期社会调查基地,是中外学者了解和研究中国农村的窗口,也是国外研究中国农村的首选样本。2010年10月,为纪念费孝通教授诞辰100周年,在开弦弓村建成一座占地1万平方米的江村文化园,内设费孝通江村纪念馆、江村历史文化陈列馆、费达生江村陈列馆。

近年来,开弦弓村积极抢抓乡村振兴发展机遇,以基层党建为引领,践行费老学术思想,以延续传统文脉为己任,围绕"研学旅行,美美江村"主题,努力探索一条具有研学文化特色的江村农文旅融合发展新路,先后建成文化礼堂、江村市集、驻村教授工作室、江村Club等特色节点,年均接待访客10余万人次。依托七都镇"一厅两廊三园"的乡村振兴空间格局,开弦弓村围绕"一心一廊三村四园"布局,通过开弦弓村综合提升项目的推进,打造以文化为核心、系统运营为支撑的"中国·江村客厅"。通过努力,计划形成以江村文化园为核心、多种业态配套布局的农文旅融合乡村振兴江村样板,将"美美江村"愿景落地落实。

▶▶ 二、主要做法和成效

（一）智慧化赋能经济发展

在过去几十年的发展中,依托党的富民政策,开弦弓村产业得到大力发展,全村70%以上的劳动力从事第二和第三产业,形成了化纤纺织、羊毛衫编织和水产养殖三大主导产业。新时代对农村经济发展提出了新要求,开弦弓村依托本地特色农业与本村特色文化资源,因地制宜发展相关产业,推动智慧化与经济建设融合发展,在乡村产业发展、新农人培育和农文旅融合方面均做出了有效尝试。

1. 乡村产业发展方面

开弦弓村建设智慧化蔬菜基地97亩、智慧化水产养殖园超300亩,结合现有的休闲农庄、农家乐、民宿等资源,以此作为富民增收、村级集体增收的有力来源,帮助村民最大化利用闲置资产增收,联农带农紧密,致富带动效应明显。

2. 新农人培育方面

开弦弓村根据本村产业发展实际情况，定期组织人员参加水产养殖、新苗培育、农产品电子商务等相关培训，助力新农人胜任新时代的智慧化生产。同时积极鼓励村民采用新型电商线上销售模式，依托本地农村电商政策，打开香青菜、熏豆茶、大闸蟹与羊毛衫等产品的新销路。开弦弓村有近60家从事针织衫生产的家庭作坊，电商经济的发展也使家庭作坊有了更多的生存空间。

3. 农文旅融合方面

开弦弓村已建成江村Club和江村市集两个数字农业基地，可提供电子商务、数字货币、线上线下多种模式体验。开弦弓村依托全镇"一厅两廊三园"的乡村振兴空间格局，高标准构建开弦弓村"一心一廊三村四园"的空间框架，打造以文化为核心、系统运营为支撑的"中国·江村客厅"，同时集中精力打造一批文化旅游示范项目，形成大中小项目遍地开花、以点带面的文化旅游产业开发新格局，推动农文旅融合高质量发展，积极融入"中国·江村"乡村振兴示范区。

（二）智慧化提升服务温度

随着互联网技术的发展，开弦弓村的智慧化服务为村民提升了办事效率，提升了办事温度。

通过"智慧化+政务服务"的结合，利用信息化手段，结合村基层政务服务中心、站点，构建一体化政务服务平台，为村民提供日常生活类事项办理服务，基本实现乡村政务服务的"一网通办"。村委会设有自助办理一体机终端，该终端延伸了"业务信息化"的服务内容，扩大了覆盖范围，可为办事群众提供资料采集、办事预约、排队取号等业务服务。

通过"智慧化+生活服务"的结合，在代购代销、线上教育、网上购物、档案查询等方面拓宽了村民收集信息的渠道。结合益农信息社建立专项办公场所，配备专业工作人员及办公设备，发布江村土特产及供求农产品信息，建立完善的信息服务站制度，利用电子终端设备，有效开展农产品代购代销、电子商务和农业技术咨询等服务；结合江村市集的网上销售平台——菠爸买菜，实现七都时令生鲜线上销售，村民打开手机线上平台，采取线上下单的方式，足不出户就可以获取新鲜的瓜果蔬菜；结合线上教育平台，提供种类丰富的教育资源，提升线上教育质量。与现有农家书屋联合，实现线上借阅书籍,满足村民的精神文化需求;结合开弦弓村文化电子档案建设,构建数字文物资源库,编写《开弦弓村志》,进行家计调查和江村家谱的数字化档案编写,电子档案的编写与整理,使村民可便利地以图文形式获取与村庄或家庭相关的历史人文信息。

(三) 智慧化创新治理模式

开弦弓村在探索农村基层治理模式中,积极开发并有效使用智慧化系统,主打"五治"融合,在德治、法治、自治的基础上,强调政治引领,智治为辅,积极践行政治、法治、德治、自治、智治五位一体的乡村治理新模式。

1. 用好"智慧化+政治"

开弦弓村由党员骨干带动周边党员共同学习、实践、服务,形成村党组织联系党员中心户、党员中心户联系党员、党员联系群众的工作网络,做到联系一批党员、服务一片群众,用微信公众号、各大媒体等有效延伸村级党组织服务触角。

2. 用好"智慧化+自治"

在人居环境日常管理上,开弦弓村通过智慧化积分软件的开发,围绕垃圾分类和"美丽庭院"创建活动进行积分制管理,对表现优异的村民进行奖励和宣传。智慧化积分软件分为3个端口,分别供村民、管理人员、巡查人员所使用,保证每日的卫生考核公开透明,不断培养村民的自治意识,逐步在村民中形成"比学赶超"的良好竞争氛围。

3. 用好"智慧化+法治"

开弦弓村应用"12348法网+融合法律服务平台",建立线上咨询制度,为村民提供法律援助和服务,让村民足不出村享受便民服务,解决法律难题。同时依托线上平台,定期开展"网络安全""识套路,防诈骗"等法律宣传活动,帮助村民扫除法律盲区,提升村民法律知识水平,有效激活民主法治建设的"神经末梢",奋力打造社会治理新面貌。

4. 用好"智慧化+德治"

开弦弓村将人居环境、控违治违与乡风文明相融合,利用系统积分对村民进行综合考核,将考核结果与村规民约、诚信体系相结合,作为年末分红的依据。统筹利用线上线下渠道进行道德模范、文明家庭户的评比和展示活动,共同推动形成崇德向善、见贤思齐的良好风尚。

三、经验启示

（一）坚持党建引领

开弦弓村始终坚持党建引领全村工作，充分发挥党员在基层农村工作的先锋模范作用。在智慧化积分软件的开发过程中，全体党委班子成员积极参与，从提出设想到系统开发再到调整修正，村党委反复讨论如何才能使智慧化软件在基层治理中发挥最大功效。在智慧化系统长效维护方面，积极发挥先锋党员的榜样作用，招募部分党员先锋助力系统运营。

（二）注重学习先进

在系统推进智慧化治理前，开弦弓村多次组织学习团队，人员涵盖村"两委"班子、党员代表、村民代表、乡贤以及志愿者，一同前往其他先进村镇观摩学习，以扩宽工作思路，总结推广经验。同时，结合本村实际情况，根据自身优势和特点，引导全体村民积极参与，开发出适合江村实际的智慧化软件，制定出具有江村特色的治理标准，推动农村智慧化建设扎实有序开展。

（三）创新治理模式

开弦弓村在推进乡村治理过程中，主打"五治"融合，以政治为引领，自治为基础，法治为保障，德治为先导，智治为支撑。利用信息化手段推进乡村建设，为基层治理服务注入"智慧基因"，将智慧化治理作为其他治理模式的坚强后盾，为其提供便利的技术支持，从而提升乡村治理智能化、精细化、可视化水平。

"数字渔村"促振兴,乡村治理显身手

渔业村利用互联网、大数据等现代信息技术建设智慧管理平台,实现基层治理体系数字化;打造智慧党建体系,打通线上平安建设联动平台,破解市场商区管理难题;推进商区运营服务数字化,全力推进市场有机更新;提高村级工作管理效率,切实提升乡村治理效能,实现乡村治理体系现代化。

▶▶ 一、基本概况

渔业村位于吴江区盛泽镇中国东方丝绸市场核心区,总面积约 0.57 平方千米,只有 1 个自然村,现有村民小组 5 个,农户数 298 户,总人口 1457 人,常住人口 4048 人,党员 60 人。渔业村发展始于 20 世纪 50 年代,村民依托周边水面以渔业养殖为生。改革开放以来,随着盛泽镇中国东方丝绸市场的发展,渔业村融入时代发展潮流,村域成为市场纺织交易的主商区,18.5 万平方米的物业资产成为渔业村房东经济的核心资源,村庄依靠产权交易和配套服务产业,形成了集体致富的乡村振兴新局面,年集体收入约6000万元。多年来,渔业村先后获得"全国敬老模范村""江苏省创建文明村工作先进村""苏州市文明村""苏州市新型集体经济十强村""苏州市'智慧农村'示范村"等多项荣誉称号。

近年来,随着纺织交易的繁荣,人员、车辆大量流动,渔业村出现了交通拥堵、消防隐患大、安全管控难等突出问题。渔业村"两委"敢为人先,将数字化作为破解乡村治理难题的重要武器,依托CIM(城市信息模型)、智慧交通、智能预警等技术,建成数字渔村智慧管理系统和智慧治理中心。乡村智慧化治理体系的完善,极大优化了乡村环境和营商环境。在乡村新业态转型改革中,数字化成为产业发展、乡村治理的新引擎,已是全体渔业村村民的共识,为渔业村迈入市场有机更新的新时代继续保驾护航。

▶▶ 二、主要做法和成效

(一)坚持党建引领数字化,打造乡村治理新格局

渔业村致力于建设数字渔村平台,坚持党建引领数字化的大方向,以加强基层党建为主线贯穿整个基层治理体系,拉近群众与党的距离,打通服务群众的"最后一公里"。

1. 明确党建引领的核心地位

实现乡村有效治理是乡村振兴的重要内容,要实现治理有效,关键在人,关键在党,必须毫不动摇地坚持党在乡村治理中的核心领导地位,为乡村治理提供坚强组织保障。

2. 完善数字党建的首要架构

将农村基层党组织建设、新闻公告推送、先锋事迹、党员学习等基本模块融入数字渔村智慧管理系统和数字渔村微信小程序,实现党建和村务公告信息动态推送。

3. 提升党员干部的政治觉悟

打造"幸福渔村,美好家园"党建主线,主动对标浙江未来社区等先进的数字化理念,打造渔业村党建新品牌。以数字党建推进农村基层治理,提升党员干部素质,推进群众工作机制体制方法创新,让数字化建设成为连接村民和基层村委的桥梁,进而提升乡村能治、善治、优治水平。

（二）利用大数据，谱写产业发展新篇章

渔业村土地资源高度集约使用，同时承担了中国东方丝绸市场外延的许多配套服务，场内人员、车辆混杂，进行精准有效的乡村治理迫在眉睫。通过近十年智能网络基础建设的持续投入，数字渔村智慧管理系统真正成为渔业村干部探索服务治理改革的秘密武器。

1. 实现数字一图总览

依托BIM（建筑信息模型）到CIM的数字集成技术，渔业村建立了数字孪生底座，实现了全新的可视化操作界面。

2. 实现村务一网统管

渔业村将村务、安全、交通、产权交易等管理层面整合到一个系统，提升集约化办公和服务效率，以数字引擎驱动村务管理改革。

3. 催生数据资源改革

渔业村建立了人、车、房屋、商户等基础数据库，为融入区域市场发展和有机更新奠定数字资源基础，促进纺织交易、电商、文旅等新业态的发展。

（三）建立线上智慧联动平台，为平安渔村保驾护航

依托智慧管理系统，渔业村积极采用信息化手段对全部区域进行区域治理改革，打造数字乡村治理大数据引擎。

1. 建立智慧交通体系

全村建设智慧停车系统，10个主要入口实施智能化道闸改造，实现对村域车辆的24小时全程监管。建立货运专项通道，通过对货车、装卸特种作业车辆的定位管理，实现精准管控，规范运营秩序。通过鹰眼系统对全村交通实现实时化管理。

2. 建立AI智能监管体系

通过全村布设的人脸识别监控、车辆跟踪监控、消防云台监控，实现对人员车辆的可追溯管理，以及对消防火灾的提前预警。

3. 建立房屋和设备设施监管体系

依托建立在BIM基础上的全村CIM平台，对商户违章搭建的行为及时预警，提供对资产的可视化可追溯全过程维护管理。

4. 建立监管指挥保障体系

配合智慧中心，重塑了村级指挥中心，配合智能系统形成了智慧治理闭

环处置制度体系,实现了技防和人防的有机结合,自然形成渔业村内现代大物业的智慧管理体系。

(四)打造智能化管理中心,实现乡村治理精准化

通过大数据和网格化的结合,渔业村将党建引领、村民自治、乡村文明、农业生产等融入网格化治理,提升乡村治理精准度。

1. 优化村务服务

依托数字系统提供基层村务政务的公开和预约途径,提高基层组织办事效率,提供民房、人口、宅基地等平台管理功能,实现村务信息推送、民兵信息、宅基地管理和停车管理等村务的线上办理。

2. 孕育特色乡风

根据村规民约、星级文明户、小积分等应用积分数据,形成文明积分管理机制,为村民自治提供便捷的途径。

3. 规范基层工作

对村资产、民兵、日常管理建立数字化台账,建立渔业村智慧管理中心,将区域治理融入村基层工作。

4. 强化效率提升

搭建并依托智慧管理中心,建立村级指挥管理保障体系,实现对安全、消防、维修等村务配套管理事项的智慧运营服务。

(五)合理规划未来新乡村,共创乡村产业新业态

渔业村针对特殊的区位优势,提前规划辖区老旧商业街区,实现乡村面貌城市化、乡村产业多元化。

1. 建设丝绸商旅时尚创意街区

引领集群发展,通过产业平台带动服务平台,加快制造业与服务业融合,加快推进乡村与旅游深度融合。打造农文旅融合发展亮点,培育富有竞争力的旅游产品,让老旧街区焕发活力和风采。

2. 打造智慧渔村幸福邻里中心

渔业村对原村委办公大楼进行了全方位改造。硬件方面:内部设置了多功能活动中心、卫生服务中心、生活服务中心、剧院、宴会厅五大板块,为青少年提供活动场所,满足中年人健身、聚餐、阅读等休闲需求,同时保障老年人养老医疗服务;外部进行了整体建筑改造,融入商业气息,优化庭院

布局,营造温馨氛围。软件方面:加入智能化场景体验,适应青、中年人群的操作方式,实现线上线下双服务双保障的养老模式。

3. 建立现代国际贸易中心商区

渔业村将拆除的老旧仓储区打造成既可供面料商家进行商品展示交易的公共场所,又是集研发、生产、检验等服务于一体的大型商区,与周边城区形成相互促进、资源共享的良性生活圈,进而推动片区城市发展。

▶▶ 三、经验启示

随着数字赋能乡村振兴的全面推进,智慧农业、精准基层治理、均等数字化、智能化服务将越来越优越和便捷。渔业村从改善乡村数字基础设施、规划产业发展布局、推进数字技术创新供给、提高乡村居民数字素养、优化数字乡村顶层设计等方面出发,不断优化数字乡村建设路径,推动乡村全面振兴。

(一)坚持党建引领

渔业村党总支始终致力于推动基层党建与农村发展深度融合,依托渔业村的地理优势,将物业租赁提档升级,带动渔业村房东经济的壮大和配套服务的完善,村级经济不断发展壮大,集体资产超4亿元。

(二)因地制宜,因势利导

渔业村对破旧厂房进行改造,通过农村产权交易平台进行拍租,物业租赁提档升级的同时增加了村集体收入。同时,渔业村与吴江城投乐泊公司联合,利用现代化技术量身打造符合渔业村村情的智慧管理平台,集中解决日益突出的交通、安防等问题。通过不断的努力与探索,渔业村经济稳步上升,营商和人居环境日趋向好。

(三)完善数字乡村顶层设计规划

数字乡村建设需要各个主体密切合作,发挥协同效应,不仅需要村级层面的规划,更需要党委政府层面的顶层设计;不仅要出台相关政策法规为各主体提供制度依托,还要用激励手段强化利益关系,为各主体提供协作动力。在政策法规上,要出台数据资源管理规范和细则,在数据共享的基础上,最大限度地保证数据安全。目前,渔业村抢抓中国东方丝绸市场有机更新机遇,对村庄进行规划,联合打造长达1.5千米的丝绸商旅时尚创意街区。

"智"领五源,"慧"及庙头,打造长漾里特色田园乡村

庙头村积极创建"生态庙头红色家园"党建品牌,推进"数字乡村"建设,用党建引领乡村振兴,用生态注入产业活力,用数据强化社会治理,全方位打造农文旅融合发展的特色田园乡村。

▶▶ 一、基本概况

庙头村位于吴中区平望镇西,全村区域面积5.47平方千米,北靠长漾,环境优美;南邻318国道,交通便利。如此得天独厚的条件,孕育了937户勤劳的家庭,滋养了3215名朴实的农民,培养了115名忠贞的共产党员。庙头村牢牢抓住乡村振兴机遇,将以农业为主的单一产业链转型升级为农文旅融合的新型产业网,打造以农耕、康养、蚕桑、渔业、果蔬5种不同文化为核心的"五源"驱动大格局,发展集农耕种植、人文科普、生态旅游三位于一体的多种新业态,以点带线,以线带面,环环相扣,不断为乡村振兴注入经济活力,长漾里特色田园乡村的面貌已初见端倪。庙头村先后获得"江苏

省特色田园乡村""江苏省乡村旅游重点村""苏州市特色精品乡村""苏州市'智慧农村'示范村"等荣誉称号。

二、发展历程

（一）成立专业合作社，初试集体经营模式

2009年，平望强村粮油专业合作社在庙头村成立，全村农户入股合作社，合作社流转耕地面积2500亩，庙头村开始探索集体经营模式。但由于生产设施落后、管理形式松散、产业选择单一等原因，合作社的经营成果未达到预期，反而造成了广种薄收的局面，再加上高昂的人工成本，使得亩均效益严重低下。

（二）创立农业示范园，实现"园村合一"管理

2014年，平望镇高效农业示范园（下文称为园区）在庙头村创立，园区将辖域内的蚕桑、粮油、水产、果蔬等优质生态资源整合，构建桑蚕文化体验区、精品粮油种植区、长漾渔乐休闲区、四季水果采摘区等几大板块，解决产业单一化的问题。镇政府在庙头村设立园区管理办公室，分派镇级领导参与和指导示范园的建设，实现"园村合一"的高效管理。园区的创立也标志着庙头村正式成为平望镇乡村振兴三大板块之一，园区是平望镇发展现代农业的重要平台。

（三）编制综合体规划，打造"五源"驱动格局

2018年，《平望镇庙头村田园综合体规划》编制完成，在原产业园区的基础上，升级打造以"桑之源""绿之源""养之源""渔之源""果之源"为特色产业的"五源"驱动格局，发展多元化产业链，推动农业生产"接二连三"，实现一二三产业融合发展。产业的初步成型也带来了集体经济的增收，充分调动了广大村民参与特色田园乡村建设的积极性。

（四）突破乡村信息壁垒，步入数字信息时代

2021年，"数字乡村"新理念在庙头村普及，村内全面升级电信基础设施，突破信息壁垒。乡村信息服务与共享更加完善，"互联网+党建""互联网+政务"以及智慧农村等数字化信息平台与体系的建成，使数字信息进村入户成效显著，线上教育、医疗、养老等各类惠农服务得到普及。自治、法治、德治"三治合一"，乡村治理从经验式转向精准化。"数字乡村"理念的植入标志着庙头村从传统的少数人管理步入多数人共同治理的数字信息时代。

三、主要做法和成效

（一）党建引领，加强组织建设，以"智"固"制"

1. 组织建在园区，发掘红色家园创造力

庙头村党总支紧紧抓住支部标准化建设这一核心，以书记项目和党建工作计划为双核驱动，通过组织开展应知应会测试，加强党员队伍管理，打造特色党建阵地和完善考核督促体系，从严从实开展组织生活，多措并举提升农村党组织凝聚力。由老党员和有专技特长的党员成立党员议事团，为园区发展建言献策。依据《平望镇庙头村田园综合体规划》，按照地域划分调整党组织架构，重新成立5个新党支部，即桑之源党支部、绿之源党支部、养之源党支部、渔之源党支部、果之源党支部，党员们各司其职，确保园区的建设保质保量，发挥最大效益。

2. 阵地设在园区，激发红色家园牵引力

庙头村在养之源党支部建立后港·江村先锋驿站阵地，集一窗便民、党群畅谈、文旅休闲等功能为一体，推动党建工作全面融入群众生活、党员活动和产业发展。积极打造开放式、亲民式和便捷式党群活动场所，推进便民服务区、党群服务站、红色阅读区等载体建设，同时建立党员服务群众机制。"农村风貌改造的必要性""文化旅游现代农业园区"等主题活动逐步开展，引导村民共同支持园区建设，推进乡村振兴，形成党建带群建的良好氛围。

3. 服务落在园区，汇聚红色家园向心力

庙头村结合吴江区"四个融入"大走访、平望镇"走百家联千企"活动，村"两委"干部划片走访，党员走家串户，到村民家中聊家常、听诉求。三年来，村"两委"班子走遍全村农户，聚焦生态农业建设、农村宜居环境、村民纠纷化解等问题，主动融入百姓，帮助解决实际问题，不仅得到了村民的信任，也为后续工作的开展打好了基础。

（二）产业升级，加快经济发展，以"智"求"质"

1. 从"米缺"到"米约"，机械化生产推进现代农业示范园建设

农村集体经济的发展，首先要解决的就是生产力问题。庙头村抓住苏州市农委"三高一美"（高标准田园小综合体示范基地、高标准蔬菜生产示范

基地、高标准水产养殖示范基地、美丽生态牧场示范基地）项目申报的机遇，在"绿之源"创立高标准小田园综合体示范基地项目，新建农业综合服务中心，占地面积4535.6平方米，购入拖拉机、插秧机、收割机、无人植保机等大型农机农具，具备向周边作业和服务的能力，实现粮食生产全机械化。同时，购置稻谷烘干与大米加工设备，实现粮食产地烘干与稻米就地加工能力的突破，并成功注册自有商标"长漾里"，该品牌大米在吴江区农展会首次展出即荣获"市民最喜爱的农产品"称号。

现代农业的发展，走的是多元化道路。庙头村在原示范基地农机仓库、烘干车间、加工车间的基础上，扩建农耕文化展示厅，铺设稻田木栈道，融入平望稻作文化，打造科普教育基地。展示厅兼具文化科普及休闲观光功能，并正式改名为"米约中心"，这标志着庙头村从单一农业生产向农文旅融合的大步迈进。同时，打造"米约·长漾里"品牌，借助农民丰收节等区、镇级活动提升知名度。截至2021年，米约中心年接待游客数量已达万人以上，米约·长漾里也成了网红打卡点，品牌效应已初具规模。

2. 从"城市"到"村上"，特色乡旅品牌吸引游客归田长漾里

农村集体经济的发展，不能仅靠第一产业的推动，更需要第三产业的拉动。乡村是没有围墙的博物馆，如何让游客真正回归田园，一直是乡村旅游发展的难点和痛点。庙头村按照"公司+基地+农户"的发展模式，引入"村上"文旅运营商，通过回购和回租闲置农屋进行改造，围绕生活、生产、生态"三生"功能，对风物开发、手工作坊、酒馆、餐饮、民宿、书店、咖啡馆等不同项目进行招商选资，打造"村上·长漾里"业态生态联盟。同时，打造多形态、多主题、多特色的田园民宿、青旅民宿、亲子民宿、团建民宿、稻田休闲民宿，配置餐厅、小酒馆、游泳池、花园、菜园、社交厨房等公共休闲空间，引导产业升级，延伸产业链。

庙头村以"生活不如就酱"田园客厅为主题定位，突出平望酱艺文化与田园特色，培育特色乡旅品牌。将平望酱菜这一非遗文化融入"村上·长漾里"品牌，将闲置村屋改造为长漾酱文化体验工坊，建设优质原料园、酱艺手作馆，打造平望酱菜蔬菜生产与酱艺文化体验基地，强化农文旅融合定位，努力实现农业、文化、旅游三大产业的有机融合和创新发展。"村上·长漾里"一期成功开业，游客络绎不绝，有效推动了村民增收创收，集体经济活力大幅增强，为后期项目实施奠定了良好基础。

（三）高效治理，加速数字革命，以"慧"享"惠"

1. 深度融合数字技术，完善乡村信息基础设施建设

庙头村结合基层政务服务站点，对便民服务大厅进行"一站式"改造，构建一体化政务服务平台，提供村民日常生活类事项线上办理服务。大厅外安装24小时政务服务自助一体机，村民可以自助查询，办理市民卡、医保等服务。设立益农信息社，购置"亿农智慧"一体机，应用新一代互联网技术与农业农村大数据平台，覆盖一二三产业的电商农业、智慧农业等新业态，通过平台网页及时为农业承包户提供"三农"信息服务。通过数字化进程，以信息流带动资金流、技术流、人才流、物资流，激活乡村各种要素，乡村经济社会运行的质量与效率大幅提高。

2. 构建数字信息平台，完善乡村数字治理体系建设

庙头村构建了数字信息平台，将大数据与网格化完美融合，把农村垃圾分类、污水处理、人居环境等问题接入平台并形成案件实时动态处理。村民可以收集各种"疑难杂症"，进行网络监督和上报，工作人员对受理的事件进行分析梳理、分流处理、调度指挥、督办反馈，借助志愿者队伍第一时间远程"会诊"。同时，打造"云旅店"出租房合规化改造体系，对村域内出租房安装智能门锁及烟感报警器，通过公安视频监控专网把全村27个治安监控摄像头和65个社会资源监控并轨整合，实时监控各个重点路口和道口，全面统筹消防安全、人口管理、智能生活。运用新技术、新概念、新业态为乡村治理注入新的活力，乡村治理的精准度大幅提升。

▶▶ 四、经验启示

（一）以领雁效应建强红色队伍

以党性强、威信高的老党员和老干部组建党员志愿队伍，聚焦农业生产与村民纠纷化解，引导党员参与基层治理、环境整治等先锋行动，形成良好的示范效应。同时，村党总支要积极创造条件、打造平台，引导乡土人才回归参与乡村建设，发挥乡土人才优势，聘请专技人才，提供技术指导，从而助力乡村振兴。

（二）以闲置资源增添乡土气息

在村庄改造过程中，要因地制宜，充分利用村里旧房拆下来的旧木窗、旧砖、旧瓦搭配背景墙、地面、道路等进行景观改造，这样既能体现村庄特色，又能避免铺张浪费。可以利用村里的闲置窝棚，为村民提供公共服务，同时展陈蕴含本地乡土文化的各种旧物，如村里老百姓丢弃的旧家具，回收修缮后可以作为乡史旧物陈列，融入乡愁记忆。

（三）以人性关怀破除数字弊端

乡村数字化赋能的终极对象是文化层次低且类型分化明显的农民，他们普遍面临着数字鸿沟问题。因此，一方面要不断提高农民对数字化的适应能力，另一方面也要重视数字赋能的有效性，把握数字赋能与农民学习的平衡点和协同点。尽管通过数字赋能可以实现智能化、快捷化，但难以达到人格化和人情化。在数字乡村的建设中，尤其是数字治理的过程中，既要发挥数字资本的功效，又要发挥社会资本的功能，实现数字化与人性化的相互兼容。

建设"智慧农村",开创旺山乡村振兴新局面

旺山村坚持项目"广"发展,助力"智慧农村"建设;坚持问题"码"上督,打造"智慧农村"品牌;坚持商品"线"上买,共享"智慧农村"成果;坚持服务"立"解决,提升"智慧农村"质效,以坚持打造全面化、系统化、专业化的"智慧农村",全面助力旺山乡村振兴发展新格局。

▶▶ 一、基本概况

旺山村位于苏州城西南美丽的尧峰山脚下,紧邻苏州绕城高速及吴中大道,村域面积7平方千米,其中山林面积5380亩,现有村民小组13个,农户568户,常住人口2550人,党员96人。全村拥有各类经济载体11万平方米,集体总资产达2.2亿元。旺山村三面环山,自然环境优美,人文历史积淀深厚,名胜古迹众多,千年宝华寺香火鼎盛,旺山景区内游客络绎不绝。全村发展集约农业、品牌农业和生态旅游农业,开展绿色食品基地建设,引

导农民推进生态农业，以种植碧螺春茶叶为主，葡萄、枇杷等农产品为辅，逐步形成规模化、产业化、生态化特色农副产品旅游带，做大做强现代农业经济。

旺山村全面依托基层网格化服务，利用在线教育，加强对农村在职党员、流动党员的教育，同时加快农村信息化安全建设，落实以街道（村）治安中心为指挥平台、以综治信息化为支撑、以网格化管理为基础、以公共安全视频监控联网应用为重点的"群众性治安防控工程"，每个公共区域建成10个以上高清视频监控探头，实现了全村覆盖率达100%，并通过与街道监控共享平台实现联网对接，构建多维感知、情报主导、立体防控的综合信息管理体系。

旺山村先后获得了"全国文明村""国家5A级旅游景区""国家级生态村""全国生态文化村""中国人居环境范例奖""国家特色景观旅游名村""中国特色商业街""中国乡村旅游创客示范基地""全国乡村旅游重点村""苏州市'智慧农村'示范村"等众多荣誉。

二、主要做法和成效

（一）坚持项目"广"发展，助力"智慧农村"建设

旺山村全面推广"智慧农村"信息系统，用好"互联网+"等信息技术，加快构建全流程一体化在线服务平台和便民服务网络，不断提高乡村善治水平。

1. 建设"智慧"载体

旺山村积极利用电子屏、环形屏等现代化科学技术设施设备，创新打造最新党群服务中心，有效依托江苏最美乡村展示馆、"'旺山红'红筑旺山梦"主题展厅、旺山旅游景区等载体，呈现了旺山从贫穷落后的小山村到国家5A级旅游景区的蝶变历史。为加强村庄建设和宣传，积极做好平台推广，以本地知名区域为点，做好强力报道，也吸引了众多游客。2021年度，旺山村成功接待全国各地党政考察团、乡村振兴学堂等培训班共计246批8917人次。

2. 构建"智慧"金融

旺山村以"智慧农村"试点推广工作为抓手，把智慧力量凝聚到金融服务"三农"和乡村振兴工作上来，为村庄长治久安和高质量发展贡献力量。

为加快推动乡村振兴战略步伐，着力构建乡村振兴数字化体系，抓好智慧乡村建设，积极办理"惠农 e 贷"贷款、手机银行开通等服务业务，通过搭建智慧 e 贷等场景，实现贷款审批、放款等金融服务的线上化。

3. 升级"智慧"治理

乡村智慧化升级不仅是增加一些智慧化的设施，如安防摄像头以及相应的平台系统，还要对村庄的原有设施进行智慧化升级和改造，如通过每户门牌号上的二维码，精确定位每户村民的确切位置，也为更快速地了解各租户的信息提供方便。作为美丽乡村示范村，旺山村十分重视村庄环境治理，依托环境治理线上平台，将村级环境卫生划分为若干片区，责任到人，做好片区评比和数据统计。有效利用厨余垃圾处理站，做好对厨余垃圾的分类和再利用。负责村内厨余垃圾收集的人员也可以通过手机实时记录每户的厨余垃圾量以及清扫情况，保障垃圾分类实行到位。

（二）坚持问题"码"上督，打造"智慧农村"品牌

1. 省事省力

当下，乡村"四议两公开"工作法是基层党组织领导下群众自治的重要制度设计，其中关键一环，就是决议公开、实施结果公开，让监督看得见、权力管得住、群众做得了主。原来，公开的方式多限于公示栏公示，现在公开内容都要上网，在外地的群众也能随时看得见，随时监督。

2. 平台推广

苏州市基层廉勤监督平台涵盖了粮食购销监督、疫情防控监督、小微权力清单、社会群众监督、村级事项公开等内容，群众可随时随地扫码查看在公示期内的公开内容以及提出自己的意见。

3. 便民利民

群众有问题可以随时在平台上咨询和投诉，真正为微权力装上监督"探头"，有效增强服务群众的针对性。"一码"拓展的不只是政策宣传的广度，更让乡亲们享受到"互联网＋政务服务"的便利。

（三）坚持商品"线"上买，共享"智慧农村"成果

2013 年年初，旺山村鼓励全村农户触网创业，2018 年全村电商交易额达 1550 万元，被成功评定为"江苏省电子商务示范村"。

1. 深挖资源禀赋

旺山村依托资源禀赋和人文积淀，积极发展集约农业、品牌农业和生态

旅游农业，以种植碧螺春茶叶为主，葡萄、银杏、枇杷农产品为辅，完善1000亩无公害绿色食品基地，开发1800亩丘陵山地，拓宽线上销售推广渠道，逐步形成规模化、产业化、生态化特色农副产品旅游带。

2. 深耕市场偏好

旺山村以"互联网+"蓬勃发展为契机，扩大电商建设规模，紧密对接网络销售平台，大力推广C2C（个人与人人之间）、B2C（企业对个人）、B2B（企业对企业）销售模式，提升特色农业及三产服务业附加值。全村开网店户数达180户，网店数量超300个，总投资近100万元。2021年仅碧螺春、旺山红茶叶和天赐葡萄就实现电商交易5.5万千克，占产销总量的60%。农家乐年收益也达到了40万—200万元，村民真正享受到了电子商务带来的红利。

3. 深化统筹发展

借助电商平台的高效传播，旺山景区的综合美誉度不断提升。旺山村多次举办茶文化节、农事参与体验、小记者采访参观等活动，年接待顾客数超110万人次，带动村民就业700余人，既提升了产业销售和产品附加值，又取得了良好的经济效益和社会效益，更扩大了旺山村在国内外的知名度，促进了经济、社会、文化、环境、资源的协调可持续发展。

（四）坚持服务"立"解决，提升"智慧农村"质效

为进一步规范村网格化社会治理管理模式，完善"大数据+网格化+铁脚板"治理机制，旺山村积极利用"苏城网格通"APP应用全面提升服务质效。

1. 掌握并确认基础信息

旺山村对网格内的"一标三实"（标准地址，实有人口、实有房屋、实有单位）等信息进行入格确认，为有效开展其他工作提供便利。

2. 建立网格微信群

微信群是紧密联系群众、促进网格化服务管理与基层群众自治的有效工具，旺山村的网格长充分依托网格员这一社会治理的基层单元，通过网格共治群、群众自治群、基层协商群等实现政策宣传、居民求助、群众投诉、信息上报等功能，全面创造群众实时沟通、密切联系、全民参与的社区治理模式。

3. 活学活用网络平台

旺山村积极利用QQ群、益农信息社等平台，让百姓可以迅速接收到各类信息，也为各项服务的开展提供了渠道。通过"阳光村务"智慧管理系统，旺山各户也实现了多项智慧化的升级，获得了更多智慧化的服务。村民可以通过手机查看村务公开信息，更加便捷地了解村内的各项事务。每家每户安装的烟感报警器也为村民的安全提供了保障。

▶▶ 三、经验启示

旺山村"智慧农村"的全面发展，主要注重推进各类项目的建设，突出聚焦四大"智慧"，精准把握，全力为旺山各项事业的发展赋予力量。

（一）聚焦"智慧"基础载体

旺山村积极利用现代化科学技术装备，创新打造最新党群服务中心，有效依托江苏最美乡村展示馆、"'旺山红'红筑旺山梦"主题展厅、旺山旅游景区等载体，呈现了旺山从贫穷落后的小山村到国家5A级旅游景区的蝶变历史。为加强村庄建设和宣传，以本地知名区域为点，积极做好平台推广，吸引了众多的游客。积极利用网格化管理基础优势，加快智慧化公共服务平台运作建设，全面推动辖区信息化、智能化、便捷化。全面完善景区餐饮、住宿、游乐、停车场等设施的建设，不断提升景区服务能力。

（二）聚焦"智慧"治理平台

旺山村有效发挥网络积极作用，建立好相关线上交流平台，为推动旺山发展提供新的发展理念。积极利用益农信息社等平台，让百姓迅速接收到各类信息，也为各项服务的开展提供了渠道。通过"阳光村务"智慧管理系统和公众号，旺山各户实现了多项服务的智慧化升级。村民可以通过手机查看村务、党务、财务公开信息，更加便捷地了解村内的各项事务。苏州市基层廉勤监督平台更是涵盖了粮食购销监督、疫情防控监督、小微权力清单、社会群众监督、村级事项公开等内容，群众随时随地扫码即可查看公示内容并提出建议。打造智慧安防，共安装2578台智慧烟雾报警器，有效实现用户预警、防灾、减灾的消防安全需求，做到实时把控，防患于未然。

（三）聚焦"智慧"服务教育

旺山村用好"互联网+"等信息技术，通过智慧党建等信息化平台，方便村党建管理等各项工作的开展,依托基层网格化服务,利用党员远程教育平台、QQ 群、微信群等方式,建设党建党务门户,多渠道为农村党员和队伍提供党建宣传、党务公开、党员网课、资讯推送等服务,将农村党务工作线上线下相结合,实现智慧化农村党务管理应用场景。同时,全面加强对农村在职党员、流动党员的教育,详细掌握党员需要什么、想干什么,拉近了党员和党组织的距离,使流动党员由"被动"变为"主动"。通过落实农家乐、民宿等经营户的在线、实地培训等工作,全面保障乡村文化的根基,有效培养经济型人才。积极利用集体资产引进抱家公寓等项目,因地制宜改建一些配套性住房,打造人才集聚地,有效促进人才工作提档升级。全面打造农家书屋,利用 Interlib 图书馆集群管理系统平台,完备借阅手续,开通通借通还功能,实现与区图书馆及吴中区内各农家书屋的互联互通。

(四)聚焦"智慧"产业特色

旺山村依托旺山景区智慧旅游指挥调度中心,以 104 个监控,24 小时全方位监控,播音系统覆盖全景区,播报功能实时发布,与景区资源、数据、共享搭建起桥梁,支撑起整个旺山景区的资源利用、经营系统业务管理、公共服务等功能,实现免费 Wi-Fi 全覆盖。通过建立智慧旅游平台、落实党员示范经营户管理等举措,促使景区更好地服务游客,为越溪旅游增值创收。全面发挥好王森旗下的"旺山遇见卢浮宫"项目的示范引领带动作用,引导并提升百姓自主建设的意识,通过"智慧农村"模式有效带动引领村民致富的同时也辐射到人居环境、庭院建设等方方面面,并壮大电子商务市场,使百姓生活越来越好。今后,旺山村拟引进亲子类、拓展类、夜游类项目,针对周边企业团建市场,整合资源,形成新的消费热点;搭建旅游协会平台,集农家乐、民宿、文创产业等旅游相关要素为一体,通过资源共享、发展互助、自我管理、自我服务,推动三大产业进一步发展。

推进数字牛桥"智"理，激发乡村振兴活力

牛桥村紧紧围绕乡村振兴战略，依托数字牛桥管理系统，探索出租房"旅馆式"管理，构建"房东租着放心，租客住得安心，政府管得省心"的良好局面。"小积分"促进了由民做主、与民共治，开启了"数字牛桥'智'理"的探索之路，营造共建、共治、共享新格局，激发乡村振兴"大能量"。

▶▶ 一、基本概况

牛桥村位于临湖镇南侧，户籍人口 6000 余人，外来人口已超过 8000 人，常住人口超过 1 万人。为破解流动人口管理难题，改变出租房屋管理长期处于底数不清，情况不明，管理不严、不实、不细的状态，牛桥村探索出租房"旅馆式"管理，参照旅馆经营前审批、旅馆入住登记和离馆注销的管理模式，把村内出租房屋当作"虚拟旅馆"的客房，通过设置牛桥村村委会"旅馆总台"，依托农业银行提供的线上乡村房屋租赁系统、房屋租赁信息发布平台和"云端数据库"，引入智慧电表和智能充电桩等，实施出租房屋"租前安全把关、租客入住登记、租客离开注销"的精准管理。牛桥村创新推进

高质量发展的特色经验，助力推进临湖镇其他有需求的社区实施出租房"旅馆式"管理，共创美好临湖。牛桥村依托美丽村民积分系统，在积分管理工作中坚持将道德教化与积分奖励相结合，围绕"以德换得"的中心思想，将积分与村民福利挂钩，以积分考核管理为主要形式，以引导和约束村民共建文明乡风为工作原则，充分发挥积分制在移风易俗、精细化管理、人居环境整治等乡村治理具体事务中的导向性作用。牛桥村将数字技术融入农村治理的细枝末节，全面提升农村管理高效化、服务便捷化，自觉践行"争当表率、争做示范、走在前列"的新使命、新定位、新追求，真正落实以"智"促"治"，为实现乡村振兴贡献"牛桥"力量。牛桥村先后获得"全国文明村""全国乡村治理示范村""苏州市'智慧农村'示范村"等荣誉称号。

▶▶ 二、主要做法和成效

（一）出租房屋"旅馆式"管理模式

1. 摸清全村底数，划定片区，梯度推进

排查出租房源数量结构，建立动态数据库，设置"旅馆总台"。新居民集中的村实施试点，以点带面，梯度推进22个自然村的管理改革。

2. 明确准入条件，统一整改，分类管理

设定统一门槛，制定统一整改标准，规范出租房屋的出租行为和条件。将消防设备、室外充电装置等安全设施纳入整改范围，并核查打分，签订责任书。

3. 构建平台系统，建章立制，规范运营

由村民提供房屋出租信息，牛桥村工作人员负责房源审批，确保房源的真实性。成立"云端数据库"，依托中国农业银行苏州分行提供的线上乡村房屋租赁系统和房屋租赁信息发布平台，牛桥租户可进入房屋租赁信息发布平台，浏览当前牛桥村民房屋出租信息，村里能够对村民房屋出租信息进行有效监督。搭建线上"旅馆式"管理运营平台，线下建立"旅馆总台"实体运作机制，配备必要的电脑终端、展示屏幕，为管理人员配备足够的移动采集设备，做到日常管理和录入比对同频同步，实现"采集即录入、录入即核查、核查即管理"的目标。"旅馆总台"由村主任担任总台经理，配备2名以上工作人员，明确职责、制度上墙；线上建立共享"房管通"系统，可查看租房情况，办理选房、租房、注销、变更等业务。

4. 强化宣传力度，营造氛围，信息对等同步化

村委通过发放宣传纸、广播、微信、LED 信息栏播放等渠道，进一步加大宣传力度，做到信息对等同步化。加强发生在居住出租房屋内的涉火、涉爆等案例的剖析，以及安全用电、人身财产安全等安全知识的宣讲，加强消防方面法律法规培训，明确房东等主体责任，强化群众履责认识。

5. 注重造福群众，让惠于民，共治共享

牛桥村的每幢房子都配备有电动车安全充电桩、灭火器等设施，原本暴露在墙上的电线也都统一安装了套管。牛桥村还建设智能充电桩，为村民提供电动自行车、新能源汽车的充电服务，系统可实现充电预约、计时、缴费等功能。同时，每户安装智慧电表，通过智慧电表监控外来人员的居住情况，同时实现电表的远程开关、检修和收费等，共同培育租户良好的充电用电习惯，保障村民充电用地安全。

流动人员要租牛桥村的房子，首先要到"旅馆总台"实名登记，进行人证核验，然后在房源展示平台上自助选房，房屋面积、户型、装修风格、室内外照片、租金等一目了然。通过一台集"房屋准入审核、指导合同签订、租客登记注销、日常监督管理、安全隐患整改"等功能于一体的电脑，流动人员就能轻松选到自己满意的房子。房屋选定后，房东和租客一起到"旅馆总台"签订租赁合同，即可入住。

（二）"美丽村民"积分系统

1. 坚持党建引领

牛桥村始终坚持党建引领，以积分制管理制度的组织实施实现党的领导"全方位"。村"两委"对积分制管理实行严格责任分工，成立村积分制管理领导小组，负责积分制筹划、积分审核认定以及考核考评等各环节。村组党员干部以身作则，带头推行积分制，切实以"一班人"带动全村人。

2. 推进并完善积分制

积分制制定分"三步走"：策由民选、规由民定、事由民决。征询各家各户意见，充分凝聚民智，以修订的村规民约与征集到的民意为基础，因村制宜，依法依规，逐步完善与细化积分内容和实施细则，形成可操作性强的积分制草案，召开村民代表大会，投票表决通过积分制草案，实践中及时查漏补缺，动态完善。

3. 依托大数据，链接诚信商家

牛桥村与农业银行试点合作开发运行"智慧乡村数字牛桥"可视化管理系统，以数据驱动精细化管理，以可视化维护公开透明管理需求。每位村民都拥有一张包含村民个人信息、积分管理信息、分红保险等福利信息的村民积分卡，与大数据平台联动，有助于优化积分管理流程。村内定点合作"道德超市"，推动积分兑换福利便利化、日常化。一方面，"道德超市"商家须符合"331"管理规定、诚信经营；另一方面，定点合作的"道德超市"诚信商家制定公布"积分优惠明细"，不定期向村民个人推出优惠政策。村内定期对"道德超市"进行督导检查，确保良性运转，推进公序良俗更多地从共识走向行动，营造和谐向善乡风。

4. 小积分提供有效路径

村民个人积分由固定积分和奖励积分构成，逐人建立积分动态管理台账。村民遵守牛桥村村规民约则获得固定积分，参加志愿者服务以及参与村委会活动等则获得奖励积分。牛桥村将生活垃圾分类、庭院整洁改造、"道德模范""美丽庭院"等评比、志愿服务、活动参与、奖优促学等纳入积分奖励考核范围，将破坏环境卫生、伤风败俗、扰乱镇村工作、违法犯罪等纳入冻结积分范围。村民可凭借个人积分，去"道德超市"按1:1比例兑换同等金额的福利。

5. 小积分助推重点工作

牛桥村积极建立"片中有网、网中有格、格中有人、人负其责"的网格化管理机制，为积分制的应用提供了良好的推行土壤，促进了村民全员参与乡村治理良好氛围的形成。村民可以通过参与环境共建、普法宣传、疫情防护等各类志愿服务获取额外积分项，收获精神和物质的双重满足感。

▶▶ 三、经验启示

（一）切实加强出租房管理

出租房屋管理是一项长期而艰巨、现实而紧迫的工作，要从全局出发，高度重视，建立健全各项工作制度，经常性地研究工作中遇到的问题，落实人员、经费保障。村委要充分发挥职能作用，明确工作重点，落实工作责任，强化协作配合，形成出租房屋管理的合力。要加强出租房屋管理宣传引导，增强全社会的法律意识和责任意识，将合法安全的房屋用于出租，引导承租人员择优入住。要注重安全宣传教育和演练，开展有针对性的逃生技能培训，提高全民自防、自救、互救能力。要把出租房屋管理纳入日常村务工作的考评体系，常态化开展全方面、全要素、全流程的实地暗访检查，尽职尽责，解决好"最后一公里"问题。出租房"旅馆式"管理是乡村治理创新不断走向更新篇章的尝试之一，将成为租房乱象的终结者、租房服务质量的稳定器。

（二）从严压实出租房屋管理常态工作

牛桥村出租房"旅馆式"管理是规范存量、公共服务的创新实践。严格按照"房屋租前安全把关、租客入住登记、租客离开注销"的总体要求，坚持"部门协同，村居实施，房东主责，房客履约"的工作机制，设立集租房审核、信息采集、监督检查、情况报送等基本功能于一体的"旅馆总台"，悬挂标志标识，配备必要的人员和设备，实行常态化运作，落实源头管理。对文化程度低、年老行动不便的房客，网格员、协管员还会提供上门登记、注销服务，真正实现流动人口"即住即采，即离即销"的智能化管理。出租房屋应当具备基本居住功能并符合建筑、消防等安全要求。房屋出租人要按照规定核对承租人身份证件，合理控制承租人数，及时报送相关信息，对承租人开展用电、用火、用气以及防火、防盗等安全防范宣传，减少消防、治安安全和环境卫生隐患。

（三）引导群众广泛参与积分制各项工作

在村党组织的引导下，依托村民自治组织和各类群众性协商议事活动，牛桥村将积分制的主要内容、评分标准、运行程序等环节交由村民商定，广泛征求村民意见和建议，让农民全程参与积分制度的设计，满足村民多样化服务需求，确保积分制符合村民意愿，真正做到积分管理为了群众、依靠群众、服务群众。要制定易于掌握、便于参与、便于操作的流程，方便村民参与。要坚持公正透明，建立健全以村民知晓度、参与度和满意度为重点的评价体系，实现积分项目全覆盖、积分对象全参与、积分过程全记录、积分奖励全公开，确保积分制管理公开、公平、公正、透明。

（四）切实注重积分结果运用

树立正确导向，坚持发挥好积分制的激励约束作用。奖励上，除必要的物质奖励外，还应注重精神激励；惩戒上，以批评教育为导向。在精神激励上，如家庭积分在全村排名靠前的，可由村予以表彰，并在"优秀党员"

"文明家庭户""卫生清洁户""星级文明户""健康家庭"等评优评先活动中优先考虑，可优先享受各级、各部门相关扶持政策。在物质奖励上，可采取积分兑换形式，凭积分兑换相应物质奖励；可将村内集体福利与积分管理相挂钩；也可在村股份经济合作社成员同意情况下，将集体收益实行"股份+积分"的分配方式。

（五）扩大积分制运用范围

坚持和加强党建统领，为积分制的实行提供坚强的政治保证，确保它能沿着正确方向前进，谨防"一阵风""运动式"等问题。还要加强沟通协调、互动联动，把积分制的结果融入村民自治、环境整治等多个社会治理环节，真正影响到村民的生活，正向推动基层群众"崇德向善"。以村规民约内容为基础，将爱党爱国、遵纪守法、美丽乡村、生态宜居、家庭美德、移风易俗、公益慈善、乐于奉献、发展经济、兴业致富等要素，补充完善进积分制考核内容，把积分制运用作为推进乡村振兴的有力抓手，着力构建共建、共治、共享的乡村治理格局。

发展电商产业，助推江湾经济高质量发展

江湾村顺应电商发展的潮流趋势，以水八仙行业协会及村集体农产品专业合作社为示范带头，积极响应"互联网+"号召，利用互联网的广阔平台，高效快速地提升江湾村作为水八仙之乡的品牌影响力，开拓周边地区的潜在市场，拉动全村农民产品销量，进而帮助村民增收创收，助力村级经济发展。

▶▶ 一、基本概况

江湾村位于苏州市吴中区甪直镇车坊南部，紧靠工业园区，地处苏申内外港交汇处，地理环境优越、交通便捷，距苏州市姑苏区12千米。全村辖区面积5.3平方千米，耕地总面积3780亩，全村户籍人口共有831户，总人口3076人，其中从事水八仙水生蔬菜种植的有1865人。村级合作社先后被评为市级示范社、省级示范社、国家级示范社，2020年晋升为市级农业龙头企

业；荣获"2021年中国农民合作社500强"荣誉称号。江湾村先后被评为"江苏省卫生村""江苏省生态村""江苏省现代农业示范村""江苏省第五批电商村"，2017年"吴中鸡头米"完成国家地理标志登记工作，2018年江湾村获评"全国'一村一品'示范村"荣誉称号，2020年、2021年连续两年被农业农村部授予"全国特色产业亿元村"荣誉称号，2021年获评"苏州市'智慧农村'示范村"。近年来，江湾村实现年电子商务交易额约1000万元，2021年电商户规模达70余户，电子商务及相关从业人员180余人。

二、发展历程

随着信息化、网络化的发展，顾客与商家面对面交易的传统模式越来越无法满足现代人渴望快速高效获得信息、方便快捷购买商品的需求。即使是生产过程相对传统的农产品及农产品加工品，也已经大量出现在网络虚拟商店的货架之上。

近年来移动电子商务发展突飞猛进，江湾村顺势而为，借着政策优势，以合作社为纽带，先后在淘宝、苏宁易购、吴中产鲜等电商平台发展电子商务。江湾村还建立了"江湾水八仙"公众号，定期推送水八仙文化，展示销售水八仙产品。其中在淘宝店铺、苏宁易购吴中特色馆、吴中产鲜等特色农产品电商平台及手机微信、微店、微商平台的销售量逐年提升，每年线下线上销售农产品近200万元。

江湾村党总支还将大力推进水八仙品牌保护，通过水八仙生态文化园、水八仙种质资源圃、水八仙线下交易市场、农产品展示中心等专门场所不断完善水八仙文化旅游、农产品展览展示、科普教育、水八仙种植资源保存等功能。江湾村还将加大宣传力度，提升品牌知名度，用本地特色农产品一流的品质、有竞争力的价格、创新的销售模式与消费体验来吸引顾客，实现村民增收、经济发展和产业创新。

三、主要做法和成效

水八仙是江湾村的特色产业，全村主要种植品种是芡实、荸荠、慈姑、茭白、水芹、莲藕等，水生蔬菜收入是农民的主要经济收入来源，村党总支依托水八仙特色产业，大力实施"八仙富民领江前行"党建品牌，以村集体领办组建农产品专业合作社——苏州市吴中区甪直镇车坊江湾农产品专业合作社为抓手，带领村民做强做优水八仙产业，并抓住互联网销售优势，搭上电商平台发展的顺风车，通过"领鲜"直播、"领鲜"直送等将水八仙入网上"云"，实现了产业发展、农民增收。

（一）以品牌宣传为抓手，提升电商品牌影响力

近年来，江湾水八仙品牌先后荣获"江苏省著名商标""中国南北极考察选用产品""国家农产品地理标志登记产品"等称号。2018年，江湾村完成绿色芡实、绿色莲藕的申报认证，2019年完成绿色慈姑、绿色荸荠的申报认证，2020年完成有机芡实有机转换认证工作。村党总支密切联系农户，推进党员结对帮扶，提升农户的品牌意识，按照基地标准化技术规程，提升产品的安全和质量。通过中央电视台一套、四套、七套、八套节目以及苏州电视台各大报社的专题报道，进一步巩固江湾农产品专业合作社以及江湾水八仙品牌，全面打开品牌知名度，带动电商销售关注度。

（二）以党组织、合作社带头示范，带动农户发展特色产业电子商务

依托政府及相关部门出台的苏州市《关于促进电子商务发展的若干政策意见》、吴中区《关于进一步加快吴中区商务转型发展的实施细则》等相关电商扶持政策，江湾村党总支对电子商务发展给予大力扶持，以"支部＋合作社＋农户"的模式，以"帮带""结对"等形式对水八仙产业实行统一品牌、统一管理、统一销售，稳定了农产品品质，凝聚起农业发展合力，让合作社带头开展电商销售，以身边的成功经验带动村民群众一起开发特色产业电商销售，形成产品精品效应、销售矩阵效应。

（三）以市场营销为抓手，大力开展农民电商培训

依托党总支、合作社、农户产销一体化模式，江湾村党总支带领农民进入电商时代，定期组织开展农民电商培训，近年来开展电商培训15次，累计培训农民430人次。同时邀请懂电商知识的年轻党员帮助农户进行电商销售，进一步帮助农民拓宽销售渠道。

以产品品质、物流保障为抓手，提升电商销售服务水平。村党总支加大开展新型职业农民技术培训、标准化技术培训力度。助推农户共同推进新品种、新技术的运用，提升产品品质。配合网络销售以及电商需要，统一完善冷链包装环节，确保产品在运输过程中能更长时间处于冰鲜状态，同时与冷链运输过硬的顺丰速递合作，设置水八仙收发点位，在销售旺季与农户形成

产、销、运、派的销售合力。

四、经验启示

（一）推广电商平台，提升经济效益

传统的农产品销售，以农贸市场批发为主，常常出现销路不畅，甚至无人问津的情况。政府的品牌形象打造与推广电商平台合二为一的产业化经营模式，切实提高了产品销量，产品精选和包装等增加了产品附加值，同时电商平台直接面向顾客进行零售，经济效益得到了明显提高。

（二）打造良好口碑，提升社会效益

电商平台及公众媒体的快速高效传播，让数以千计的新顾客了解到江湾水八仙，很多商家及个人纷纷慕名而来，成为固定消费群和口碑传播者。近几年来，水八仙的口碑越来越响，每逢时令农产品尤其是鸡头米上市，各大媒体都争相报道，每年村集体合作社都会受邀参加各类展销会十余次，既提升了水八仙的产品销量和附加值，又打响了江湾水八仙的品牌，取得了良好的经济效益和社会效益。江湾村自发展电商以后，电商对扩大群众就业、增加群众收入、推动集体经济快速发展，起到了巨大的推动作用，有利于社会稳定、经济繁荣、文化昌盛，有利于扩大影响，提高江湾村乃至整个澄湖农业园区的知名度，促进经济、社会、文化、环境、资源相协调的可持续发展。

（三）线上引流与线下发展融合

积极推动线上引流与线下发展的融合互动，进一步加大宣传力度，提升品牌知名度，扩大网络推广销售力度，创新电子商务模式，提升村级物流快速配送能力，立足本地，辐射全国。依托水八仙生态园、水八仙科普馆、水八仙种子资源圃等，以本地特色农业旅游产品带动本地农产品的销售与推广，线上线下相结合，进一步实现村民增收、经济发展、产业创新。

壹号庄园推进智慧农业场景建设

　　金沙洲壹号庄园在南港村智慧管理与服务平台的支持下，利用现代科技搭建智慧数据中心和管理中心。该中心利用智慧城市数字底座共享平台，集合金沙洲壹号庄园农业板块相关数据、地理信息数据、视频数据等，用可视化数据分析的方式呈现金沙洲壹号庄园发展情况，围绕规范治理、智慧农业、数据互通、数字经济提供相关功能服务，全方位打造金沙洲壹号庄园智慧农业生产应用场景。

▶▶ 一、基本概况

　　金沙洲壹号庄园位于张家港市锦丰镇南港村，毗邻一干河生态廊道西侧，以休闲观光农业、沙上农产品展示、亲子旅游科普教育为理念，是一个引领区域农文旅融合发展的现代农业产业园。庄园占地约160亩，总投资约8000万元，以发展特色农业、绿色产业为主体，主要分为公共服务、玻璃大棚热带植物展示、生态种植三大区域，热带景观、乡村舞台（广场）、农业科普、果蔬采摘、野营野炊、萌宠互动、婚庆会务、小木屋特色民宿等功能区。经过项目建设、修改完善、现场考评和汇报答辩，2021年，金沙洲壹号庄园被评为"苏州市智慧农业示范生产场景"。

▶▶ 二、发展历程

（一）创新庄园治理，提升智慧农业管理水平

庄园在治理过程中，推广网络化、平台化、远程化等智慧化模式，促进农业信息资源的开放共享，推动庄园治理的智慧化、精细化管理；加强对水质、温度等环境数据的智能化检测，提高风险防范水平和应急处理能力，运用大数据、人工智能技术，创新管理及服务模式，推动现代化管理。

（二）发展智慧农业，助力乡村振兴

庄园利用物联网技术，对种植、设施园艺等农业生产的各种要素实行数字化设计、智能化控制、精准化运行、科学化管理，节约耕地和水肥资源，提高农业生产的标准化、集约化、自动化、产业化及组织化水平，促进农业生产的高产、优质、高效、生态和安全。

（三）导入先进管理机制，实现农业现代化

庄园建立农业综合管理及服务信息系统，提高农业生产智能化水平和生产经营管理能力，推动信息技术在农业生产各领域的广泛应用，从而实现农业生产信息化、农业服务信息化、全产业链规划，引领农业产业升级。

▶▶ 三、主要做法和成效

智慧农业是物联网技术在现代农业领域的先进应用，庄园目前已经实施的项目主要有监控功能系统、监测功能系统、实时图像与视频监控功能。

（一）实施监控功能系统

监控功能系统可利用无线网络获取植物生长环境信息，如土壤水分、土壤温度、空气温度、空气湿度、光照强度、植物养分含量、土壤中的pH值、电导率等参数。除进行信息收集外，监控功能系统还负责对无线传感汇聚节点发来的数据进行存储、显示和管理，实现所有基地测试点信息的获取、管理、动态显示和分析处理，并以直观的图表和曲线的方式显示，再根据以上

各类信息反馈对庄园蔬果大棚进行自动灌溉、自动降温、自动卷膜、自动进行液体肥料施肥、自动喷药等自动控制。

（二）实施监测功能系统

在庄园内实现自动信息检测与控制，通过配备无线传感节点、太阳能供电系统、信息采集和信息路由设备，配备无线传感传输系统，每个基点配置无线传感节点，每个无线传感节点可监测土壤水分、土壤温度、空气温度、空气湿度、光照强度、植物养分含量等参数，并根据种植作物的需求提供各种声光报警信息和短信报警信息。

（三）实施实时图像与视频监控功能

在庄园内实现图像与视频监控，为物与物之间的关联提供了更直观的表达方式。比如：哪块地缺水了，在物联网单层数据上看仅仅能看到水分数据偏低，但是应该灌溉到什么程度不能生搬硬套，仅仅根据某一个数据来做决策，因为农业生产环境的不均匀性决定了农业信息获取上的先天性弊端，这很难从单纯的技术手段上进行突破。视频监控的引用，直观地反映了农作物生产的实时状态，引入视频图像与图像处理，既可直观反映一些作物的生长长势，也可以侧面反映出作物生长的整体状态及营养水平，可以从整体上给农业技术员提供更加科学的种植决策理论依据。

▶▶ 四、经验启示

（一）升级生产领域，由人工走向智能

在种植、养殖生产作业环节，摆脱人力依赖，构建集环境生理监控、作物模型分析和精准调节为一体的农业生产自动化系统和平台，根据自然生态条件改进农业生产工艺，进行农产品差异化生产；在食品安全环节，构建农产品溯源系统，将农产品生产、加工等过程的各种相关信息进行记录并存储，并能通过追溯系统在网络上对农产品进行查询认证，追溯全程信息；在生产管理环节，将智能设施与互联网广泛应用于农业测土配方、茬口作业计划以及农场生产资料管理等生产计划系统，提高效能。

（二）升级经营领域，突出个性化与差异性营销方式

应用物联网、云计算等技术，打破农业市场的时空地理限制，在主流电商平台开辟特色品牌农产品专区，拓展农产品销售渠道，通过自营基地、自

建网站、自主配送的方式打造一体化农产品经营体系,促进农产品市场化营销和品牌化运营,将农业经营向订单化、流程化、网络化转变,结合近年来各地兴起的农业休闲旅游、农家乐热潮,为旅客提供个性化旅游服务,让休闲旅游业成为农民增收新途径和农业经济新业态。

(三)升级服务领域,提供精确、动态、科学的全方位信息服务

通过室外大屏幕、手机终端这些灵活便捷的信息传播形式,有效解决"信息服务最后一公里"问题,提高农业生产管理决策水平,增强市场抗风险能力,做好节本增效、提高收益。借助云计算、大数据等技术,推进农业管理数字化和现代化,促进农业管理高效、透明,提高农业部门的行政效能。

数字赋能，打造善港现代智慧农业

江苏善港生态农业科技有限公司树立多元、开放、竞争、有序的发展理念，坚持高起点、绿色化、可持续的发展模式，带领全村人民走"数字+绿色"的发展道路。组建精英团队，有效整合现有先进装备、实用成熟技术和系统成果，开发应用农业物联网平台"超级大脑"，配套数字化设备，将物联网、大数据技术与农业生产经营相结合，以数字化推进农业绿色发展。

▶▶ 一、基本概况

江苏善港生态农业科技有限公司位于张家港经济技术开发区（杨舍镇）善港村，成立于2013年1月，是一家专业从事高效农业研发，优质稻麦、蔬菜、果品、苗木和水产等种植、养殖及销售的省级农业龙头企业。通过近几年的快速发展，公司建成了蔬菜、有机水稻、高架草莓、葡萄等9个本土种植基地和镇江茶叶、新疆红枣、陕西安塞苹果等多个其他省市种植基地，运营总面积达5350亩。近年来，公司先后获得工信部颁发的两化融合管理体系评定证书及"江苏省农业产业化龙头企业""江苏省现代农业科技综合示范基地""江苏省农业农村标准化试点项目""苏州市农业产业化龙头企业""苏州市'菜篮子'工程蔬菜标准园""苏州市'智慧农业'示范基地"等荣誉。

▶▶ 二、主要做法和成效

（一）组建精英团队，建设数字农业

公司聘请全国脱贫攻坚楷模、著名农业专家赵亚夫为善港村乡村振兴总顾问，同时与南京农业大学、江苏省农业科学院、镇江市农业科学院以及日本农文协等国内外知名科研单位建立了长期稳定的合作关系，并积极邀请日本农业技术专家到善港村进行技术交流，选派优秀技术员定期到日本学习先进农业技术，致力于提升生态循环农业生产水平。经过多年发展，公司组建了一支由行业知名专家、资深蔬菜专家、专业技术人员组成的精英团队，一半以上成员具有10年以上育苗及栽培生产经验，这使得公司数字农业创新水平得到大幅提升。

（二）规范管理流程，打造精细生产

公司建设投入品管理系统，对种子、农药、肥料、农用覆盖薄膜等投入品进行管理，合理安排育苗时间，精确计算育种量、出苗率，做到全程可视化、信息化。建设育苗管理系统，建设集约化育苗大棚，对育苗情况进行实时监测，当温度超过一定范围后，监测温度报警系统就会发出警报，保障蔬菜苗的质量。建设番茄生长模型系统，由善港智慧基地和专家库提供数据，联合南京农业大学、江苏省农业科学院蔬菜研究所，以春茬种植金陵美玉小番茄为种植示范，建立番茄生长模型。建设病虫害监测与防控系统，主要监测作物生长态势、环境参数、病虫害情况，并根据监测结果及时进行防控，提高重大病虫害科学防控能力，助力病虫害监测预警迈向现代化。规范产品采收与运输，配备各类收割设备，提升机器的作业效率，采用智能运输，并配备专门的运输车辆。

（三）借力数字融合，推进智慧管理

公司构建数字农业智慧平台，建设蔬菜、草莓、葡萄等农业生产管理物联网，推进水肥一体化、视频监控、智能化控制、环境监测等数字化管理；

建设智慧农业场景和管理平台,实现数据实时查询、存储、分析和管理,推进实现技术创新数字化、生产管理信息化、产业发展数据化。通过数字农业智慧平台实现温室大棚信息化、智能化远程管理,充分发挥物联网技术在设施农业生产中的作用,保证温室大棚内的环境最适宜作物生长,实现精细化管理,为作物的高产、优质、高效、生态、安全创造条件,提高效率,降低成本,增加收益。

(四)坚持数字发展,加大科技创新

公司坚持走"数字+绿色"的发展道路,积极创新,探索出了"堆肥发酵+还田改良土壤"、尾菜无害化处理等生产循环线,在生物炭有机堆肥、木醋液熏燃、水肥一体化、牧草固氮等环保技术的应用上取得了突破性进展,累计获得有机产品认证24个、绿色产品认证26个。通过大力推进数字化建设,公司在土壤有机改良、生产品质控制、克服连作障碍等方面的技术水平有了较大提高,较好地实现了经济效益与生态效益同步提升,累计获得专利8项、制定行业标准22项、示范新技术50余项、推广新品种400余个,有10余项技术处于国内同行领先,关键栽培技术的示范和应用在苏南、贵州等地区推广面积累计超过10万亩。2021年6月底,在江苏省数字农业农村工作会议上,善港农业入选江苏省智能农业百佳案例。

(五)加快数字赋能,建设示范基地

公司致力探索"互联网+"现代农业的发展模式,建设综合信息采集、温室大棚控制、融合宽带双向传输等系统,建成集成化数字处理网络,形成一套成熟的与温室大棚果蔬产品生产过程管控能力建设相关的两化融合管理体系。公司智慧农业生产场景主要集中在蔬菜基地和草莓、无花果、葡萄等果品基地,规划建设智能化、精准化无人农场。各基地以物联网、智能装备、智能终端、大数据、云计算、5G等先进技术为依托,针对蔬菜种植情况配置智能化农机装备和信息数据终端,制定"机械化+智能化+精准化+无人化"农场解决方案。各基地将工业化与信息化相融合,大力推广自动化设备设施,提升农业生产相关设备设施的机械化、自动化、智能化水平,同时开发实施农业物联网平台,对农产品生产过程进行全面自动化、信息化、智能化管控。

目前,物联网技术在农作物智能化生产上的应用覆盖率超过90%,节省人力物力投入超过 25%，有效提升了农业管理水平，大大提高了农业出产率。善港大米、善港蔬菜等农产品荣获"苏州名牌产品""江苏省'中高端稻米（油）'全产业链发展模式优秀案例"等荣誉，葡萄、草莓等果品产品多次荣获全省金奖。

（六）开展结对帮扶，输出发展经验

在国家东西部协作等工作中，公司总结农业发展经验，与陕西、贵州、湖北、江西、江苏等五省七村开展结对帮扶，进行善港现代生态农业经验和模式的对口帮扶输出，送理念、扶技术、育人才，通过"飞地模式"建成苹果、辣椒、茶叶等基地，把帮扶村的农产品纳入"善港"品牌，帮助贫困地区脱贫，探索出一条精准帮扶的新路子。2018 年 3 月以来，公司在贵州省沿河县中界镇高峰村建立有机农业产业园、生态养殖基地，并引进蔬菜、水果等一批名优品种；建立高峰生态茶叶公园，新建茶叶加工生产工厂、茶叶检测中心，努力打造一个具有地域特点、收益稳定、产业链条完整的主导产业。

▶▶ 三、经验启示

（一）聚焦"一村一品"，强化特色发展

公司坚持多元、开放、竞争、有序的发展理念，坚持高起点、绿色化、可持续的发展模式，因村制宜，以优质葡萄为主导产业，获评"全国'一村一品'示范村"。在产业发展过程中，公司积极推进产业融合，大力实施农业物联网示范工程；以市场为导向，加强结构性改革，创建订单销售模式；同时依据观光旅游的需要，制定不同的产品营销策略，提高农产品的商品化价值。

（二）聚焦强村富民，实现产业致富

公司充分借力善港村成立的农业党支部和合作社，在产业发展过程中，实行"公司＋合作社＋基地＋农户"的管理运行机制，积极发挥龙头企业的带动作用，为农民提供全程化服务。农民以土地承包经营权入股，变各家各户"提篮小卖"为集约化、基地化、市场化的集体经营。目前善港村已实现村级土地规模经营面积达 98%，土地股份入股面积达 100%。

（三）聚焦生态优先，推进产业融合

公司坚持生态兴农、有机发展的理念，以推广新品种、新技术、新装备为切入点，围绕产前、产中、产后的各个环节积极探索有机种植方式，为港城有机种植起到引领示范作用，形成规范化、科学化、精细化运作模式。在产业发展过程中，创新发展理念，转变发展方式，促进产业升级和跨越发展。同时，公司充分发挥数字科技创新的力量，形成较为完善的数字农业技术体系、应用体系和运行管理体系，促进农业产业转型升级，稳步推进农业农村现代化进程。

福元高科：智慧园艺，特色石斛

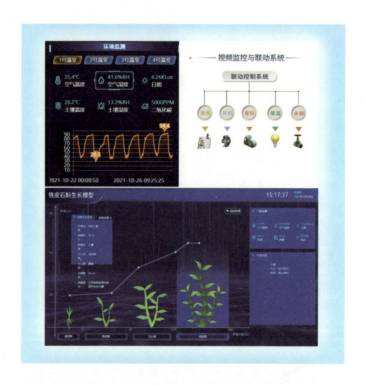

江苏福元高科生物科技有限公司积极探索铁皮石斛智慧种植产业发展模式，通过运用智能算法、云计算、5G等数字技术手段，辅以无人机、物联网等设施装备，构建一体化农业智慧大脑的支撑场景，开展地力墒情、苗情长势、病虫害发生等农情信息实时采集与自动上传，打通"种、管、收"全程信息数据流，建立以数据为核心的智能化生产决策体系。

▶▶ 一、基本概况

江苏福元高科生物科技有限公司（福元铁皮石斛生态园）是江苏省石斛兰产业化技术工程中心、国家石斛产业技术创新战略联盟副理事长单位，位于锦丰镇南港村,东临一干河风景带,西接港城大道,地理位置优越,交通便利,环境优美。经过多年对铁皮石斛野生品种的研究,公司按照有机种植标准,探索形成了一整套从种子筛选、品种培育到组培种苗的集约化、规范化生态种植栽培技术。目前公司已经完成了500多亩大棚铁皮石斛种植,100多亩仿野生铁皮石斛栽培,成为国内铁皮石斛产业化生产的龙头企业。公司依托南京师范大学生命科学学院、中国医科大学、协和医科大学、青海药物研究所等科研单位的技术力量和科研成果,注重高科技转化与应用,形成了以自主知识产权为核心的科研体系,是集科技创新、生态健康、高效农业、休闲观光、造福大众于一体的铁皮石斛现代产业化基地。公司先后荣获"苏州市农业产业化龙头企业""苏州市智慧农业示范生产场景"等荣誉称号。

▶▶ 二、主要做法和成效

为进一步提升铁皮石斛品质、完善种植栽培技术、及时反馈石斛生长过程中的生长状态,公司围绕铁皮石斛产业,积极开展基于人工智能和大数据的自动化装备应用。

(一)监测作物生长环境

公司在石斛生长大棚等农业生产现场部署智能物联网设备,实时监测空气温湿度、光照、降雨量、风速、风向、大气压力、气体浓度等数据,并设定报警阈值,当环境异常时可实现即时报警;同时系统可预报未来72小时气象,预警未来24小时的极端天气、大风等异常气象,提醒管理者及时做好防灾防险工作。利用智能传感设备及智能控制设备获取空气温度、湿度、日照强度、空气中二氧化碳等气体含量和种植基质湿度、温度等监测数据,通过汇总的数据信息及时调整作物的生长环境,保证作物一直处于优质的生长条件中。

(二)建立视频监控系统

公司所在的整个农业园区实现了视频监控全覆盖,管理人员通过视频监控系统对园区的大棚设施、主要路口、安防等进行实时巡查与管理,实时监控基地的苗情、灾情和大棚内作物的生长、生产情况。一旦突发灾情,保证第一时间掌握情况,第一时间做出应对举措。针对季节性病虫害,监测系统将综合之前的汇总数据,提前给出预警信息,做到病害的提前预防及预警。

安装智能杀虫灯,对飞蛾等进行诱杀,减少虫害发生率。

(三) 建立智能控制系统

智能控制系统可根据设定的规则对大棚内的气象数据、土壤数据等进行建模分析,自动控制风机、外遮阳、内遮阳、喷滴灌、水帘、阀门、加温灯等设备。系统将反馈的温度、湿度数据与设定值进行比较,如果监测到温度过高,则启动自动卷膜系统,将顶棚、侧棚摇起通风降温;如果监测到湿度过低,则启动自动喷淋系统对作物进行喷淋补水保湿。系统还可将传感器检测的环境中某一数据与预先设定的标准数据范围值相比较,如果检测的数据值超出了设定的标准值,则设备按照配置自动启停,实现无人值守自动控制、分片控制,预防人为误操作。

(四) 构建生长模型,管理规范化

公司通过大数据建模技术进行生长模拟和调控,构建铁皮石斛生长过程模型,加强种植过程标准化管理,配套精细化管理工具,规范农场生产。智能物联网设备内含部分作物生产技术包,生产管理者可根据需求选择相关作物技术包,启动技术包后,可及时收到作物全生长周期以及不同气候环境条件下的关键技术指导。

(五) 建立水肥一体化智能灌溉系统

水肥一体化智能灌溉系统由智慧云平台软件系统、墒情数据采集终端、视频监控系统、施肥机、过滤系统、阀门控制器、电磁阀、田间管路、肥料罐等组成。系统结合用户设定的配方、监测到的土壤水分含量、作物种类施肥规律等,自动控制灌溉量、吸肥量、肥液浓度、酸碱度等水肥过程的重要参数,实现对灌溉、施肥的定时定量控制,充分提高水肥利用率,实现节水、节肥,改善土壤环境,提高作物品质。

(六) 启用智慧管理大脑

智慧农业云平台(包括 PC 端、WEB 应用和移动应用)实时监测生长环境要素、视频图像数据,通过网络将采集的数据上传至专业设备,由系统后台进行定时、定量、定位的计算处理后,给用户提供实时数据查询、数据存储、曲线分析、报警管理、智能控制、系统配置、用户管理、视频融合等功能。结合作物实际的生产、生长需求,生产管理者对传感器、视频监控采集的实时数据进行系统分析,通过智能控制系统,联动控制大棚的通风、遮阳、浇水、施肥等系列的生产作业流程，大大提高了生产管理效率，节约了劳动力，节省了资源。

▶▶ 三、经验启示

（一）智慧农业可以提升生产效率，节约劳动力，降低成本

传统的农业生产以经验为依据，人为判断何时需要灌溉施肥，而智慧水肥一体化智能灌溉系统则通过综合分析土壤墒情数据、气候变化数据、作物生长需求数据等，预警告知何时灌溉施肥，并提供科学的灌溉施肥方案。同时利用先进的压力灌溉系统，将肥液与灌溉水按需配比，一体化精准、均匀地输送到作物根部，并且借助远程控制技术，实现无人值守自动灌溉。与常规栽培模式相比，全程机械化、智能化操作可减少化肥、农药等生产资料和人员投入，实现亩均增收 500 元左右。

（二）智慧农业应朝系统化、规范化方向发展

不断完善精准化信息管理平台，提供全方位、全产业链智能在线监测功能，实现作业可视化和数据实时展示。着力打造精准农事管理系统，对气象数据、土壤墒情、病虫害、苗情等进行实时监测，并及时反馈，通过作物生长模型及大数据分析实现智能预警。进一步完善智能化机械装备，实现手机端、PC 端联动操作，通过智能装备完成田间农事作业，引导智能装备实现病虫害防治、采摘、田间管理等操作，辅以溯源系统、物联网管理系统和水肥一体化智能灌溉系统，推进园艺智慧生产管理和园艺智能化技术装备发展。建设采后商品化处理系统，对清洗、分级、包装等设备实施智能化改造，打造铁皮石斛智慧种植产业发展模式。

打造常阴沙智慧大田场景，助力稻麦生产提质增效

常阴沙现代农业示范园区围绕高产、高效、优质、安全目标，以省级现代农业产业示范园区创建为契机，基于园区农业产业特点、农业发展现状，打造了常阴沙智慧农业公共服务平台，构建常阴沙农业园智慧农业生产管理体系，借助数字化力量改造生产链条，采用优质高产技术，挖掘稻麦生产潜力，重点发展绿色稻麦产业，建成优质稻米规模化原料产地，做大做强"常阴沙"稻米品牌。

▶▶ 一、基本概况

常阴沙现代农业示范园区区域总面积37.5平方千米，耕地面积3.6万亩，是张家港市唯一以农业为主的整建制园区和发展现代农业的核心区域。园区先后与南京农业大学、江苏省农业科学院等9家院校开展产学研合作，相继建成省级现代农业科技园、国家农业产业化示范基地、省级现代农业产业园。截至目前，已实现区内高标准农田全覆盖，粮食生产全程机械化率100%，良种覆盖率100%，水稻机械化育插秧比例100%。

园区 2018 年获评江苏"味稻小镇"称号，2019 年获评苏州市级水稻综合功能示范区、2019—2021 年获评江苏省水稻绿色高质高效创建示范片、2020 年获评省级农作物病虫害绿色防控示范区——常东稻麦示范方，2020 年获评农业重大技术协同推广计划试点项目张家港示范推广基地，常阴沙大米（宁香粳 9 号）在第二届苏州大米"好农"种好米品鉴评选活动上获得铜奖。园区重视数字赋能，被认定为"苏州市智慧农业示范生产场景"。

二、主要做法和成效

（一）重视智慧农业发展规划

自张家港入选国家数字乡村试点县（市）以来，园区认真贯彻落实《张家港市数字乡村试点实施方案》，高标准多举措推进数字乡村试点工作，取得了一定成效。为解决农业生产管理松散、效益低下，农业科技含量低，缺少高新技术支撑，农业服务功能不完善，缺乏辐射能力与带动力等问题，园区以省级现代农业产业示范园区创建为契机，基于园区农业产业特点、农业发展现状，打造了常阴沙智慧农业公共服务平台，平台于 2018 年启动规划设计，2019 年开始建设，2020 年下半年投入试运营。

平台以构建常阴沙农业园区智慧农业生产管理体系、全面助力园区农业产业发展为目标，针对园区管理信息化、农业生产智能化、经营服务在线化、产业发展融合化等方面的需求，集成运用物联网、大数据、云计算以及农业智能装备技术，探索形成了"1 + 1 + N"（1 批物联网基础设施与智能装备、1 个农业数据中心以及 N 个智慧农业场景化应用）模式的现代农业产业园智慧农业服务体系。

（二）加大智慧农业基础投入

作为园区的农业主导产业，智慧大田场景重点打造智慧农业生产场景。在此场景中，园区已建成远程控制电灌站 3 座、蝶阀和田间排涝闸门 59 个、农情监测点 10 个、农机库 1 个、烘干中心 3 个、烘干设备 44 台/套、大米加工中心 1 个，建成烘干中心、农机库、电灌站的视频监控网络。硬件信息化总投资超 600 万元，软件信息化总投资超 400 万元。场景中还完成了 7 个社区 1027 个种植地块的数字化工作，建成了常阴沙稻麦种植电子地图，以田块为最小管理单元，完成园区稻麦从种到收全过程精准管控。结合移动端应用，为园区72个农业大户、农业企业提供信息服务，指导农户做好田间管理与农事记录，向农户及经营主体及时发布政策及相关信息。构建园区稻麦周年遥感监测体系，对稻麦长势动态、农情灾害及产量信息进行分析评估，为园区快速掌握全区大田生产动态提供可靠支撑，准确率达90%以上；在常兴社区建立智能化大田灌排系统和灌区基本农田、河网水系、泵站、管网等灌排管理数据库，根据灌排管理模型、水稻生长周期内各时段最佳水深，自动控制田间水位，结合雨情监控数据，实现智能灌溉控制管理；开展农机作业监控、农机自动导航试验示范，在插秧机、施肥机、收割机等作业装备上加装监控终端、智能导航、产量监测等智能装备，提供稻麦大田生产耕、种、管、收全过程农机作业面积、效率、质量的监管服务，全面提升农机作业管理智能化与精细化程度。

（三）完善数字改造全链条

1. 耕整

智慧农机管理系统可提供稻米、小麦大田生产耕、种、管、收全过程农机作业面积、效率、质量等过程的监管服务，全面提升农机作业管理智能化与精细化程度，购置的智能耕整地农机装备与之配合，进行耕整作业。

2. 种植

采用育秧流水线作业，全程机械化育插秧。2021年在园区稻麦示范方成功试验的重大科技成果——水稻机插缓混一次施肥技术在全市推广，在园区推广4000亩，购置的智能插秧机实现了无人操作插秧作业。

3. 田间管理

（1）作物农情遥感监测。构建园区稻麦周年遥感监测体系，在小麦和水稻的关键生育期，基于卫星遥感影像与无人机多光谱影像数据，结合智能分析模型，对稻麦长势动态、农情灾害及产量信息进行分析评估，为管委会快速掌握全园大田生产动态提供可靠支撑，准确率达90%以上。

（2）土壤墒情和水层高度监测。常兴社区建有江苏省土壤墒情监测站1个，建有长沙河水质监测站、农场河水质监测站各1个，监测水质溶解氧值、pH值、浊度、余氯、温度等。

（3）农田小气候监测。常东社区建有气象监测站1个，监测空气温度、空气湿度、土壤温度、土壤湿度、光照强度、风速、风向、降雨量、经度、纬度、大气压、$PM_{2.5}$等指标，进行农田小气候监测和分析，为农场的灌排提供决策信息。

（4）植保喷药方式。利用无人机进行变量精准施药和主要病虫防治，按方用药，达标一块用药一块，实现精准施药，保证防治水平。

（5）施肥方式。在2021年园区稻麦示范方成功试验的重大科技成果——水稻机插缓混一次施肥技术成功推广4000亩的基础上，2022年，园区扩大推广面积，达到了8000亩。

（6）除草方式。在种子播后至幼苗期，全面用好一次土壤封闭剂，主要采用无人机飞防的方式进行及时的化除封闭，以封为主。

（7）虫情监测方式。常南社区、常西社区、常东社区设有虫情监测站，虫情数据实时上传至常阴沙智慧农业公共服务平台，为病虫防治的科学决策提供数据支持。

（8）灌排控制方式。园区建有智能化大田灌排系统，建立灌区基本农田、河网水系、泵站、管网等灌排管理数据库。根据园区灌排管理模型、水稻生长周期内各时段最佳水深，系统自动控制田间水位，结合雨情监控数据实现智能灌溉控制管理。系统自动监控泵站、泵站引水阀门、排涝微型闸、田间水位等设备的运行状态，自动记录灌区运行信息，对灌区设备运行异常进行预警。系统利用灌区移动网络和园区光纤网络，远程控制灌区灌排系统运行，通过管网压力自动控制泵站运行，自动调整最佳引水流量，自动生成灌溉运行统计报表。

4. 收获

园区购置了1台智能收割机，开展智能收割示范。

5. 可追溯

常阴沙智慧农业公共服务平台建立了常阴沙营销系统，提供优质农产品产能汇聚与发布、会员制农产品营销、优质农产品质量追溯等服务，追溯系统和上级追溯平台数据共享，实现常阴沙绿色稻米等特色农产品产能信息的实时汇集，整合常阴沙优质农产品生产供应链数据，依托二维码形成常阴沙农产品电子档案，面向即售、预售销售场景提供常阴沙优质农产品质量安全档案，对消费者扫码信息进行数据分析统计，实现优质农产品供应链数据支撑下的在线营销。

6. 加工和销售

园区建有烘干中心3个、烘干设备44台套、大米加工中心1个，同时结合常阴沙联农合作社农产品营销模式、农产品品牌建设需求，建立了常阴沙营销系统和常阴沙优选小程序，提供优质农产品产能汇聚与发布、会员制农产品营销、优质农产品质量追溯等服务，面向规模采购商、目标消费人群进行集中展示，从而形成快速、便捷的农产品销售及采买模式。

▶▶ 三、经验启示

经过2020年、2021年近两年的应用，大田智慧场景为园区稻麦产量提高、质量提升提供了技术支撑，保障消费者"舌尖上的安全"的同时，也为稻米的品牌打造与销售保驾护航，激发出了乡村振兴的无限活力。

（一）智慧农业可以提高经济效益

节本：利用物联网技术，智慧农业为农民、农户、农业企业提供专业、科学的种植指导，开展高效精准的种植交流，使用落地的种植知识，解决人的体力限制、劳动力成本过高等问题。与传统农业管理模式相比，智慧农业可节水20%—30%，节约肥料5%—10%，有效提高农业劳动生产率、土地产出率和经济效益，让大田生产更具"智慧"。

增收：带动园区新型农业经营主体增收致富，人均收入增长5%以上。

升级：以数字化、信息化和智能化激活园区各类资源，推进农业全产业链协同发展，实现农旅高度融合，助力农业产业的全面升级。

（二）智慧农业可以放大社会效益

园区瞄准稻麦种植及设施园艺生产向精准化、数字化和智能化方向发展的趋势，大力发展智慧农业。优质农产品合格率达到99%以上。产业化辐射带动周边农民加入新型农业生产，年实现农民信息化技术培训100人次以上，促进农业增效、农民就业、农民增收。

利用数字化、信息化为特色农产品保驾护航。园区特色农产品溯源平台已投入使用，为农产品报价、农民增收提供技术支撑。园区在智慧农业方面先试先行的经验，被中国江苏网、《农民日报》、引力播、《扬子晚报》、《现代晚报》等媒体争相报道。园区先后荣获"2021年江苏省数字农业农村新技术、新产品、新模式优秀案例""2021年度苏州市智慧农业品牌""2021年度苏州市智慧农业基地（稻麦）""张家港市国家级数字乡村试点先行样板区"等荣誉称号。

（三）智慧农业可以催生生态效益

智慧农业技术的推广应用，有助于提高肥料利用率，降低农药使用量，进一步促进园区生态环境建设。利用信息技术的资源整合集聚能力，园区已初步转型为集智慧农业、科技农业、数字农业、现代农业、休闲农业为一体的现代农业田园综合体。依托生态环境优势，园区积极发展农文旅产业，已入选第七批国家生态环境科普基地名录。

通过平台的不断优化，以数据中心为支撑，以实际生产场景为抓手，以农业全产业链数字发展模式引领农业现代化发展，园区将逐步打造成集成现代农业田园综合体，为农业园区发展夯实基础，辐射带动农业增效、农民增收，以智慧农业园区的建设助力园区乡村振兴。

智慧农业引领产业振兴,产业园区带动百姓增收

围绕农业高质量发展,致力于在实践中推广智慧农业新技术,探索智慧农村发展新路径,江苏省常熟现代农业产业园区依托"数字董浜"一网统管平台,打造数字农业特色平台,以数据赋能农业农村现代化,让广大农民群众享受到信息化发展的成果,绘就农业发展、农民增收、农村增色的乡村振兴美丽画卷。

▶▶ 一、基本概况

江苏省常熟现代农业产业园区位于常熟市董浜镇,规划总投资7.2亿元,规划面积5.2万亩,主要产业为高效精品蔬菜园艺。目前入园的省、市农业龙头企业有4家,农业企业有25家。园区规划设计科学,产业特色鲜明,科技水平领先,物质装备先进,机制运行灵活,综合效益显著。建成45000平方米智能温室及700平方米节水灌溉远程监控服务中心,基于物联网技术,

开发了国内领先的以精准农业技术为主体的智能农业管理平台。建成单体大棚设施栽培面积4300多亩，建成恒压变频式节水灌溉泵站112座，已实现节水灌溉全覆盖，建成库容2000吨蔬菜的冷链配送中心。园区坚持因地制宜、科学规划、适度超前、普惠于农的建设原则，不断加大示范区农业基础设施建设和环境改造力度，园区节水灌溉远程监控技术、温室系统自动控制技术、种苗温室自动控制技术在省内外都处于领先水平。园区先后获得"江苏省农村信息化应用示范基地""江苏省优秀园区""江苏省智能农业示范园区""苏州市智慧农业示范生产场景"等荣誉称号。

▶▶ 二、发展历程

（一）把准现代农业发展脉络

江苏省常熟现代农业产业园区始建于2002年，2007年5月被列入苏州市现代农业规模化示范区；2011年6月被江苏省政府命名为"江苏省常熟现代农业产业园区"；同年8月成立江苏省常熟现代农业产业园区发展有限公司，注册资本16000万元，主要为现代农业产业园区提供融资、建设、生产、销售等服务。园区围绕农业数字化、智能化建设，结合董浜区位优势、人文优势、产业优势，依托南京农业大学、扬州大学、中国电信、中国移动等科研院所和行业巨头单位，高起点规划智慧农业系统建设，并以江苏省常熟现代农业产业园区发展有限公司为主体建成董浜智慧育苗系统、董浜节水灌溉远程监控系统、董浜数字园区系统。

（二）实现软硬配套双驱联动

江苏省常熟现代农业产业园区重视农业信息化建设，坚持智能化管理，硬件建设与软件系统开发同步推进，不断完善配套设施建设，放大智慧农业效果。围绕农业产前、产中、产后关键环节，配套了一系列基础设施、农业机械、智能装备以及相应的控制系统。通过高标准农田、省级"菜篮子"工程基地、省级绿色优质农产品基地、市级绿色蔬菜高质量发展示范等配套设施建设，提升基础设施、园艺设施水平，为智慧农业的应用、示范、推广奠定了坚实基础。建立智慧农业管理体系，从人员、资金、技术、政策等方面保障了智慧农业的应用、示范、推广，同时，将三维实景呈现技术、基础信息地理技术、物联网技术等先进技术应用到智慧农业系统中，不断优化智慧农业系统，提高智慧农业的服务效率和水平。

（三）树立示范引领特色品牌

江苏省常熟现代农业产业园区进一步提升农产品附加值，走品牌化发展道路，提高农产品市场竞争力。园区以董浜育苗中心、董浜节水灌溉泵站、董浜黄金小玉米等特色产业、产品为切入点，以提高服务质量、节约成本、改善生态环境、提升产业水平、实现增收富民为出发点，按照"科技引领、项目带动、财政扶持、重点推进"的工作思路，建设董浜智慧农业，提升董浜生态环境，带动百姓增收。

▶▶ 三、主要做法和成效

（一）强技术实现农业产供销溯源智能化管理

园区联合中国电信、中国移动、南京农业大学、南京理工学院、西北工业大学太仓分校，建设覆盖农业全产业链的智慧农业服务系统，先后建成智慧育苗系统、节水灌溉远程管理系统、数字园区系统、乡情十二品电商平台，系统地实现了农作物育苗、生产、销售的智能化管理，有效提高了农业生产经营综合管理水平和服务效率，推进农业现代化。

1. 助力农产品稳保供

通过农机与物联网技术融合发展，园区探索出了一条高质量智慧农业发展之路，解决了老百姓育苗难、管理劳动强度大、销售渠道窄等制约农业产业发展的关键问题，提高了百姓的积极性和土地产出率。

2. 整合资源提质效

园区的智慧应用系统覆盖农业产业全产业链，将农业技术、智能设备、物联网技术等先进技术进行有机整合，做到农产品生产科学化管理、智能化控制、透明化销售，实现农产品产业化、信息化。

3. 树立口碑强品牌

园区对农产品的育苗、生产、收获、分拣包装全过程实行信息化管理，实现质量追溯，保障消费者合法权益；打造对外宣传的窗口，让产品高质量口碑深入人心，增强产品的影响力。

4. 深度开发益延伸

园区通过资源整合、深度开发，实现了农产品产业信息化，并在此基础上衍生出休闲旅游、文创集市、智能物流等更多功能。

（二）农文旅助力一二三产业融合发展

为进一步宣传董浜特色农产品、开发乡村旅游，园区于2016年成立了常熟市董浜农业旅游发展有限公司，注册资金500万元，主要经营农业观光、农业旅游，特色农产品研发、种植、加工、销售（线上线下）等相关业务。

1. 把本地特色化变为发展优势

园区充分挖掘本地产业优势、交通区位优势、人文底蕴和生态禀赋，融合产业、文化、旅游、社区功能以及"互联网+""旅游+""党建+"等多种业态，积极进行相关产业招商和培养。

2. 形成立体化产业模式

园区以区域农业品牌打造、特色农产品的挖掘和整合、农村电商导入和孵化、投资模式搭建、旅游基础设施建设、景区建设与提升、文化孵化、旅游产品、美丽乡村建设等方面的开发为抓手，集聚农业产业要素，促进发展模式从单一化向立体化转变。

3. 以农促商提档升级

园区结合近几年乡村旅游蓬勃发展的态势，规划全域旅游，积极开展涉农旅游招商，发展民宿、精致农场等农业旅游产业，形成全域旅游业态。打造区域品牌"董浜乡情十二品"，先后承办五届特色农产品活动，带动地方百姓增收，推进农产品向旅游产品转化，促进农产品及农业衍生品的开发和提档升级。

（三）品牌塑造推动特色农业提优增效

园区联合南京农业大学、扬州大学、江苏省农业科学院等科研院所以及地方农业部门的专家组建专业化产业服务队伍，注册"曹家桥""童颜"等商标以及"董浜筒管玉丝瓜"地理标志证明商标，打造特色农产品品牌。采取"以节兴产"的地方发展模式，在消费者中树立良好口碑，进一步打响农产品品牌知名度。董浜黄金小玉米、徐市羊肉汤先后被中央电视台《每日农经》栏目专题报道。借力信息平台，扩大销售区域，强化"互联网+产业"发展，利用抖音、快手等自媒体平台，通过"网红效应"拓展线上引流，同时签约淘宝、京东、社群团购等网络平台，增强产品线上流通率，实现全国销售网络覆盖，累计平台客户突破100万名。

四、经验启示

（一）以数字为引擎，形成有效支持

数字赋能是智慧农业发展的重要基石，智慧农业的发展离不开政府的有效支持。近年来，园区十分重视农业智能化建设，依托"数字董浜"一网统管平台，在打造数字农业特色平台的基础上，积极推动一二三产业融合，营造良好的营商环境。园区充分发挥数字化对乡村振兴的驱动作用，提升农业农村现代化水平，让农业高质量发展和农民收入增加成为可能，政府的有效支持是智慧农业引领乡村振兴的重要支撑。

（二）以市场为导向，打造特色 IP

园区结合市场供需，不断调整完善农业产业结构，围绕自身优势积极打造产业经济，特别是以园区为载体而形成的农业产供销一体化的信息化管理场景，更为实现产业全产业链生产、配套化发展提供了条件。园区借力信息平台，强化"互联网＋产业"发展，利用自媒体平台、头部销售平台，打造农业特色 IP。

（三）以农民为根本，激发内在潜能

坚持农民主体地位是全面实施乡村振兴战略的一项基本原则。要坚持不懈推进农村改革和制度创新，坚持站位于民，充分发挥农民的主体作用和首创精神，不断解放和发展农村社会生产力，激发农村发展活力。数字技术对人力资本的提升，大大增强了农民的发展信心，是激发农村内生动力的重要引擎。农民热情高涨，开拓创新意识强烈，干事创业氛围浓厚，内生动力充足，才能实现农业农村创新发展，实现更高水平的富裕。

数字科技为常熟现代农业插上"智慧翅膀"

江苏常熟国家农业科技园区深入实施科技兴农战略，大力探索农业科技园区新机制，着力构建农业科技创新新体系，努力增创科技惠农富农新成效。园区充分利用校企合作及其他各类创新创业平台，积极引进知名企业，并依托其品牌优势不断推进本地区农业农村信息化高质量发展，大力打造苏南地区数字农业农村示范基地和促进农民增智增收的技术辐射基地，引领带动长江三角洲地区现代农业发展。

▶▶ 一、基本概况

江苏常熟国家农业科技园区位于常熟市董浜镇，是全国首批、江苏首家、苏州唯一的国家级农业科技园区。园区定位为农业科技创新中心，已建立南京农业大学（常熟）乡村振兴研究院、江苏省博士后创新实践基地等研发机构（平台）41个，拥有国家级星创天地4个、省级星创天地1个，先后吸引了 23 家高校、科研院所的 50 名科技镇长及 110 名科技特派员来常熟开展科技服务、创新创业。园区建成设施园艺研究、优质水稻繁育、特色水产育苗三个创新区以及国家级"二花脸"猪种质资源保护与开发基地，集成应用了目前国内外先进的智能环控、自然光型叶菜植物工厂、5G 草莓智慧生产应用场景、智能机器人、无人机等模式设备。近三年来，园区以"物联新时代，智慧新农业"为发展方向，先后投入 900 多万元大力推进智慧农业建设，已成为苏南地区重要的设施园艺基地，优质高效、绿色生态的生产基地样板，区域性农业科技成果重要转化平台和智慧农业示范基地。在农业农村部、省各级政府的关心支持下，园区先后荣获"全国数字农业农村新技术、新产品、新模式优秀项目""江苏省数字农业农村基地""江苏省智能农业百佳案例""苏州市十佳智慧农业品牌案例""苏州市智慧农业示范基地"等荣誉称号。

▶▶ 二、主要做法和成效

园区高度重视科技成果转化和产业融合发展，加强与大学院校、科研院所的合作，利用数字化赋能智慧农业发展，大力推进智慧农业示范基地及数字农业农村基地建设。

（一）设施园艺区全面实现生产管理智慧化

园区智能环控系统包括环境智能化管理、远程监控、农产品质量追溯、智能安防等模块，可实时监测农产品生产环境因子，并通过智能决策系统实施预警预报。一体化指挥集成中心可实时显示室外和各温室环境因子及作物生长画面，如空气的温度、湿度，土壤的温度、湿度，光照强度，二氧化碳浓度等，并通过物联网温室控制器与数据管理系统自动或远程控制温室内的外遮阳、内遮阳、保温层、一级风机、二级风机、三级风机、湿帘、天窗及智能摄像机等机电设备，从而确保农作物能够在最优的状态下生长。

（二）积极建造智能温室，应用数字技术与智能设备

园区建有草莓智能温室，安装智能监控系统、基质加温系统、臭氧发生系统及多种传感器，创新运用"5G＋人工智能＋现代农业"技术，搭建气候、土壤、农事、生理四位一体的移动架式栽培模型。建有植物工厂温室，应用菱阳蔬菜植物工厂栽培设施及管理系统，引进育苗系统、栽培系统等技

术，实现蔬菜周年连续多茬栽培，形成一套人工光育苗＋自然光栽培的温室叶菜浅液流水栽培模式。建有天狼月季温室，应用priva潮汐式苗床标准化繁育月季种苗技术，潮汐灌溉系统包括动力系统、施肥系统、灌溉系统、储存系统、过滤消毒系统和智能监控系统，基本不破坏基质的"三相"构成，是一项绿色健康的先进灌溉技术。建有热带植物园温室，安装自动喷灌系统、音乐播放系统、智能加温系统等智能设备。引进多台智能巡检机器人、植保机器人及采摘机器人，提高了生产效率；引进智能水肥一体机，实时查看设备当前运行状态，并设定系统运行参数，实现无人值守，远程智能控制水肥施用。

（三）大力打造智慧农业示范生产场景

在设施园艺区，集成应用工厂化育苗、无土栽培、病虫害绿色防控、智慧农业物联网、机器人技术等国内外现代设施园艺领域创新技术，实现智能环控、远程控制、水肥一体等功能。

在水稻繁育区，应用物联网、无人机、机器人，配套大数据处理技术，强化农业一张图"数字驾驶舱"作用；新建5G田间物联网监测系统，引入农情监测机器人，配合多光谱无人机实现大范围作物精细化监测与管理，为繁种、品种展示和生产分别提供亲本生育期监测、品种生长状况监测、病虫害预报等功能；新建智能化泵站，灌溉取水口装备智能电动阀及太阳能电池，控制信号通过无线网络接入手机APP及计算机，实现远程监控；应用植保无人机进行常规播种、施肥植保及自动赶粉，并为农机加装北斗导航辅助驾驶系统，实现精准监测与作业规划；建立精确可控的信息化管理平台，实现对水稻农情、作物长势的可视化管理与集中展示。

在特色水产区，应用池塘尾水分级净化监测系统、养殖水体实时在线监测系统、水产品溯源系统、增氧设施控制系统、智能安防系统等智能设备，实现生产与管理智能化；利用无人机、投饵船投饵，避免人工操作造成的投饵不均，提高饲料和水质改良剂利用率；应用自动增氧控制系统，科学管控水体溶解氧，使水体环境始终处于蟹虾最适状态；利用水质在线分析仪对各项指标进行远程监测，做到养殖尾水经净化处理后可循环利用或达标排放。

在"二花脸"猪养殖基地，融合环控系统、通风系统、温控系统、投喂系统，形成喂养前端和出栏后端一体化、智能化电脑监控管理体系；引入进出空气净化系统，实时监测猪舍内的二氧化碳、氨气浓度等环境指标；利用全自动恒温环控系统实时检测猪舍温度，实现饲养环境温度自动调节；引进自动称量、精准上料、自动饮水、无害化处理等技术与设备，形成生态、高效、循环的现代立体养殖模式。

三、经验启示

（一）积极承担农业科技项目，促进产学研用协同发展

园区响应国家科技兴农战略的号召，积极承担各类农业科技项目，促进产学研用协同发展。近年来，园区内企业或单位承担省、市级农业科技项目99个，各类专利授权79件。2019年，园区成功申报省科技重点项目"基于人工智能的苏南特色蔬果园区智慧生产关键技术集成创新与示范"，同年11月，园区参与申报的"设施草莓移动架式栽培"科技项目被农业农村部信息中心推介为"全国数字农业农村新技术、新产品、新模式优秀项目"。截至2021年年底，园区农科所累计培育了38个水稻新品种，推广种植面积超6000万亩，增产稻谷20.6亿千克，增加社会经济效益30亿元，"常熟大米"荣获国家农产品地理标志证明商标。园区智慧农业建设情况曾被《中国组织人事报》、学习强国、苏州电视台等各大媒体平台宣传报道，发挥了示范带动作用。

（二）智慧农业项目效益显著

设施园艺区通过智慧农业项目的实施，土地产出率、资源利用率明显提高，智能化管理水平明显提升，效益显著。具体如下：

（1）智能环控系统建成以来，有效节约劳动用工30%以上，生产效益提升10%以上，减少投入品10%以上。

（2）5G草莓智慧生产应用场景提高温室面积利用率达71%，单位面积产量提高60%，农药使用量减少38%。

（3）植物工厂温室生产种子成本降低46%，节约劳动成本75%，经济效益提高3倍以上。

（4）天狼月季温室高效节约水肥90%以上，解决了目前水资源短缺和肥料渗漏污染严重的问题，且成品率高。

（5）水稻区智慧种业项目提高生育期监测效率3倍，提升杂交授粉效率30%，减少人工投入六成。

（6）水产区智慧渔业项目提高劳动生产率 1 倍，农产品投入减少 13%，其特色水产澳洲淡水龙虾亩产从 100 千克增至 200 千克，亩产值达 24000 元，带动全国养殖面积 5000 多亩。

（三）智慧农业园区建设有利于保障国家粮食安全

民以食为天，粮食安全是国家安全的重要基础，与社会的和谐、政治的稳定、经济的持续发展息息相关。党的十八大以来，以习近平同志为核心的党中央坚持把粮食安全作为治国理政的头等大事，立足我国国情、粮情，提出了"确保谷物基本自给、口粮绝对安全"的新粮食安全观。在经济下行压力加大及外部环境发生深刻变化的复杂形势下，面临百年未有之大变局、新冠疫情、全球粮食危机、自然灾害，我们要未雨绸缪、永不松懈，将中国人的饭碗牢牢端在自己手上。园区深刻分析国内外粮食形势，成立种业公司，启动种业研发攻关项目。种业公司是苏州地区唯一一家集种业"育、繁、推"于一体的国有企业，借助物联网、人工智能等新型技术，进行种业研发创新实验，实现种业生产作业精准化、信息化、智能化管理，争创省级首批粮食生产"无人化农场"，打造"三高一美"示范基地。目前，公司每年可生产、储存杂交水稻及常规稻麦种子 1000 万千克以上，供种能力达 160 万亩，销售收入超 5000 万元，种业兴、产业强、百姓富的新时代鱼米之乡画卷正在苏州徐徐展现。

"德康"楼层式智慧养殖新模式

常熟德康农牧有限公司积极响应政府号召,从保障民生福祉的大局出发,坚持走生态发展道路,走循环经济之路,采取系列措施切实加快生猪复产、保障市场供应。公司创造性地将楼层式养猪模式与智能化新型信息技术相结合,夯实基础、把控细节,严格防范非洲猪瘟;引入智能生产设备,开展环境智能监测,实现智能养殖;优质育种,精准饲喂,保证猪肉品质,促进生猪养殖稳定、高效发展。

▶▶ 一、基本概况

常熟德康农牧有限公司位于常熟市海虞镇福山农场,由四川德康农牧食品集团股份有限公司注资成立。四川德康农牧食品集团股份有限公司坚持"用食品思维做养殖,用健康思维做食品",深耕于现代农牧业和高端食品产业。目前,集团拥有两家农业产业化国家重点龙头企业,三大业务板块(生猪养殖、优质鸡养殖与食品加工），100余家企业遍布于全国13个省、自治区、直辖市，已成为有全国影响力的农牧企业之一。常熟德康农牧有限公司总占地面积283亩，建筑面积约14万平方米，总投资约6亿元。公司采用多层楼养殖模式，建设7层种猪舍1栋、5层育肥舍5栋、平层式后备舍和隔离舍各1栋，配套建设洗消中心、转运中心、标准实验室、办公生活等辅助用房，可存栏能繁母猪7200头，年出栏商品猪15万头。公司按照规模化、标准化、集约化和生态化建设要求，投资7226.89万元新建环控电控系统、空气全量收集净化系统、全自动恒温中央空调环控系统、高压清洗烘干系统、饲喂系统及巴斯夫纳米级饮水净化设备等六级隔离生物安全防疫技术，投资826万元引进专业污水处理设施，使废水处理后资源化再利用，实现生产养殖智能化、食品全程可追溯化。公司被认定为"苏州市智慧农业示范生产场景"。

▶▶ 二、主要做法和成效

自2018年起，由于非洲猪瘟疫情等因素影响，全国各地生猪存栏量和出栏量大幅下降，生猪及生猪产品市场价格涨幅明显，生猪市场保供形势也愈发严峻。稳定生猪基础产能，保障猪肉市场供应对保持经济持续健康发展和社会大局稳定具有重要意义。党中央、国务院及地方各级党委、政府反复强调，要从保障民生福祉的大局高度，切实将加快生猪复产、保障市场供应作为当前一项十分紧迫的政治任务，攻坚克难，勇于担当，加快推进现有规模生猪养殖场补栏复养和新改建生猪养殖场项目建设进程，扩大生猪生产能力，增加猪肉供应渠道，保障猪肉市场供应。

（一）夯实基础，防疫有道

非洲猪瘟疫情肆虐已有数年，防控疫情可以说是一个"老生常谈"的话题，但时不时暴发的疫情又不得不让生猪养殖行业"旧题新做"。公司制定完善的标准操作流程，不断加深员工对标准流程的记忆和理解，按照免疫程序严格执行，做好每一个细节。提高员工意识，制订各阶段的学习计划，夯实细节，在现场操作中及时纠偏，在工作中实现软着陆，让员工实现从读书到工作的无缝衔接，不断提升生产质量和效能。充分利用高压清洗及梅尔博格烘干系统，对进入的车辆、人员进行全方位消毒，严防死守，杜绝一切外来风险；根据生产、生活需要，物资由生物安全部消杀完成后一次性配送到养殖场。

(二) 智能生产,环境监测

场区实现监控全方位覆盖,及时了解员工所处的位置、场内猪只健康状态,全面掌握猪只各工段生产情况。管理人员通过对讲机及时传递各项指令,不需要进入生产区就能实现生产管控,提供远程指导和诊疗,提高问题处理的时效性,有效避免生产安全事故的发生。

育肥生产区采用空气能热泵采暖,种猪生产区采用中央空调控温,具有智能化、操控功能强、节能效率高、环保安全性高、制热效果好、采暖舒适性高、温度恒定、使用成本低等优点。地暖热量直接被猪只吸收利用,能促进生猪的生长,缩短出栏时间,提高栏舍周转率。运用微电脑控制空气能热泵及中央空调主机,在调试时设置好所需要的参数配置,主机就会根据室外温度、室内温度以及水温情况,实现远程智能化操控。

(三) 优质育种,精准饲喂

公司为了打造高端肉食品,向更高层次、更高品质迈进,培育适合中国市场的优质猪群,集团内部选育常熟德康种猪,核心种源来自加拿大FAST公司,丰富和加强终端父本群体,在丰富遗传资源的同时,大幅度改良种猪生产群体的繁殖性能、生长性能和屠宰性能。打造场区输送集控系统、全自动控制模式,一键启动,实现场区输送自动化。利用环境控制器精准控制舍内环境系统,让生猪处于最舒适的生长环境,带来更多的养殖效益。打造全自动饲喂系统,让生猪在恰当阶段能够采食适量且营养均衡的饲料来获得最高增重、最佳饲料报酬和最大利润。对生猪的生长、繁育、健康等数据进行实时、精准管理,实现精准饲喂及饲喂绩效分析。

(四) 减少污染,生态养殖

公司充分利用楼房势能落差,将各楼层粪尿收集到低处,减少环境污染面;同时配套先进设备,对粪污、废气、死猪进行无害化处理,实现生态养殖。采取干湿分离、除磷、除氮等技术处理收集的粪污,实现粪污资源化和能源化利用。通过负压风机收集猪场废气,经过微生物处理等多重净化后高空排出楼外,极大减少了废气对周边环境的影响。采用密封管道运送死猪和胎衣,集中无害化处理,杜绝交叉污染,实现"零排放"。环保区域安装在线监测设备,水质在线监测联网系统24小时不间断、连续监测和远程监控,达到及时掌握水质状况、预警预报重大水质污染事故的目的，以便使水厂在发生重大水污染时掌控水源水质状况，做到防范、解决突发水污染事故；同时还可以在发生水源水质污染时及时通报政府有关部门，启动相应应急预案。

三、经验启示

（一）节约土地，提高效率

多层楼房养猪模式有助于整合各类生产资源要素，充分挖掘土地潜力，利用高层空间提高土地利用率，以提高单位面积生猪产量。此种养殖模式，生产设施设备相对集中，各种管道线路铺设路径更短，更易实现智能环控、精准饲喂、全量收集吸附除臭、生物安全升级，从而提高智能化管理效率和劳动效率，是规模化、集约化养猪生产的一种创新，能缓解养殖量与土地资源的矛盾，满足集约化、机械化、信息化等所有的发展趋势，最大限度地满足畜牧业发展的需求，解决区域生猪供给问题。

（二）提升防疫水平，增加效益

楼房式养猪，由于占地总面积小，可以有针对性地设计符合地形、风向特点的防疫体系，减少内部与环境的接触面，降低病原微生物传播的风险；有利于防疫制度和消毒流程的实施，实现模块化分离操作，不容易产生交叉感染。楼房内实时监测猪舍的温度，远程控制猪舍中的暖风扇或通风设备，当温度超过或低于设定温度时，自动打开或关闭相关设备。健康良好的养殖环境能有效降低畜禽疫病发生，减少药物使用，保障畜产品质量安全，提高生猪出栏率。

（三）完善数据，智慧养殖

猪场建设的核心就是推动数字化转型和精准养殖管理。将猪场环境、生猪行为、养殖过程数据化，结合精准感知、统计分析算法进行大数据分析，建立智慧猪场的异常预警、环境调控、过程记录、选种育种等数字化流程机制，打造智慧猪场数据闭环，建设以智慧养殖为核心的现代化猪场建设，真正实现降本增效。精准记录生猪从猪仔到出栏的整个生长过程，如采食量、免疫病种、健康状况、注射兽药品种及注射量等信息，并依据这些信息建立质量追溯体系，确保猪肉品质让消费者放心。

打造智慧梅山猪保种场,实现数字化管理大跃升

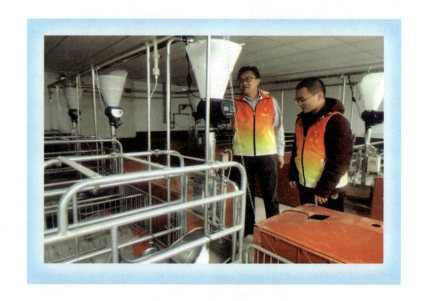

梅山猪是我国优良地方品种太湖猪的一个品系,以高繁殖力和肉质鲜美著称。非洲猪瘟疫情发生后,地方猪遗传资源保护工作形势愈加严峻,原梅山猪保种场建筑、设备老旧,梅山猪遗传资源的保护和利用面临挑战,建设科技含量高、经济效益佳、保种效率高的新梅山猪保种场迫在眉睫。

▶▶ 一、基本概况

太仓市雅勤生猪养殖有限公司位于太仓市璜泾镇雅鹿村,由雅鹿村进行日常管理。公司建设占地面积18亩,总建筑面积5700平方米,拥有一体高效化保种场1个,常年存栏梅山猪种猪600头,圈舍分为保育舍、分娩舍、育成舍、后备配种舍、公猪舍、妊娠舍、办公辅助用房等。公司注入"智慧"科技元素,建成设施设备先进、生物防控严密、粪污资源化利用率高的科研型猪场,实现数字化管理大跃升,被认定为"苏州市智慧农业示范生产

场景"，对地方猪资源保护起到了积极作用。

▶▶ 二、主要做法和成效

随着现代信息技术在农业领域的广泛应用，数字农业的技术优势已经得到了充分证实，数据已成为农业各领域的核心竞争力。太仓市雅勤生猪养殖有限公司抓住此次产业数字化转型升级的契机，加快推广应用线上智能办公、体征监测、精准饲喂、废弃物自动处理等设施装备，大力发展智能养猪，推进农牧产业的数字化转型。

（一）打破传统时空限制

公司通过使用数字技术将办公、生产、采购、供应等流程数字化，打破了传统养猪场受地域、时间、距离等影响的限制，提高了企业的生产效率。例如，饲养员将猪场动态、猪只情况、投入品数量等数据传输到线上平台，线上完成各项生产工作。线上办公不仅将员工从烦琐的"纸质办公"中解脱出来，提高了工作效率，而且能够对猪场进行全方位、全天候、全覆盖的管理，做到物尽其用，人尽其才。

（二）打造智慧生产场景

公司通过安装猪舍物联网环境监测系统、AI 人工智能盘点系统、智能 B 超和背膘系统、生物安全防控系统、水电能耗监测系统，实现与生猪生长密切相关的温湿度数据采集、报警，存栏育肥猪数量盘点，配怀母猪、妊娠母猪相关数据采集，人车物等关系猪场生物安全关键信息采集，以及用水用电量监测，再通过智能控制器把数据实时地传输到物联网平台上，通过数字化养殖大屏展示系统查看猪场的相关数据，达到养殖关键数据自动采集、分析、呈现的目的。

1. 猪舍物联网环境监测系统

该系统由智能控制器、各种传感器和软件组成，主要对畜禽舍环境进行实时监测，有环境异常或断电情况时立即报警，也可对历史环境进行查询分析。该系统将高科技无线设备与手机软件有机结合，让用户通过手机随时随地地管理养殖场，真正把养殖场装进了口袋中。智能控制器主要用于梅山猪养殖舍内，设备搭配温度、湿度、氨气、光照、二氧化碳、三合一多功能传感器等类型的无线传感器，采集养殖舍内的环境数据，再通过 GPRS 网络将数据传输到云服务器。工作人员可随时随地查看养殖场内的环境信息。另外,针对养殖舍内的温度异常、断电等紧急事件,系统会自动电话通知,守护财产安全。

2. AI人工智能盘点系统

该系统由AI全景摄像头、数据传输和存储系统、智慧引擎运算服务器和云端管理系统组成。系统通过安装在猪舍栏位上方的AI全景摄像头实时采集猪只影像,智慧引擎服务器对接收到的影像进行智能分析和计算。AI全景摄像头将每个肥猪栏的视频影像实时上传到后台智慧引擎运算服务器进行计算,然后通过后台软件算出猪只数量,并根据猪只的尺寸估算出整栏肥猪的平均重量和总重量。对猪只在栏内的分布点位进行数学计算,如果分布过于集中则判定为猪只打堆,发现猪只打堆现象会立刻发出警告,工作人员得到信息后可以进行人为干预,从而避免猪只踩踏死亡事件。

3. 智能B超和背膘系统

新一代便携式智能B超,探头重量不足200克,小巧便携,可与任意手机直接连接,用手机替代了笨重的显示仪,同时母猪妊娠结果可通过手机存储并上传到云端进行数据管理,还可和养猪管理软件对接,将妊娠数据导入管理软件。智能背膘测量仪内置耳标读取器,可在测量背膘前读取母猪耳标获得历史数据。读取背膘数据后可通过蓝牙将数据导入任意智能终端进行存储备用,也可以和养猪管理软件或饲喂系统进行对接,将数据直接导入管理软件或饲喂系统。

4. 水电能耗监测系统

该系统采用智能水电表,采集养殖舍内用水用电量,通过智能网关对采集的数据进行统计分析,让工作人员通过移动终端及时了解不同时间段、不同季节用水用电情况。

5. 自动饲喂系统

该系统实现饲料从泵入中转料塔,再经中转料塔运输到各个猪舍小料塔,饲喂全程无人员接触,免去饲料打包、拆包过程以及人员接触的风险。为减少管道损伤,易于维修,全场自动饲喂系统从猪舍走道正上方输送饲料。

(三)构建生态养殖模式

公司强调生猪生产安全环境条件建设、循环型生物链建立、废弃资源的循环利用,以环境友好、动物福利和产品安全为目标。采用发酵罐工艺处理粪污，配置专用的粪污处理设备。猪舍产生的猪粪、尿及污水通过漏粪地板留在槽底，通过机械接龙刮粪的方式将每栋猪舍的粪水清理到封闭式粪水输送管道，通过泥浆泵将管道内的粪水输送至集粪池，通过固液分离机将粪污进行固液分离。干粪进行发酵罐处理，粪水在储液池进行无氧和有氧发酵处理，处理后的粪污可作为农田的优质肥料。该工艺不仅可以保障猪场内部及周边环境的卫生，而且可以使周边农田、牧草、蔬菜大棚等种植业与养殖业有机结合，通过使用这些沼液大大减少污水的排放，实现减量化、再循环与再利用的循环经济模式。

三、经验启示

太仓市雅勤生猪养殖有限公司乘着实施乡村振兴战略的东风，充分发挥农业资源、经济、技术、产业、区位、政策等优势，积极寻求一二三产业的融合，走出了一条农业产业基地规模化、生产标准化、经营产业化的集约发展之路。通过与企业、村集体的沟通对接，公司为当地生猪产业铺垫致富路，真正让生猪巧变"金猪"。

（一）智能化是目标

数字化猪场建设便于企业统一高效地管理猪场，实现精细化、过程化管理，提高猪场产能，降低经营成本；构建了高效的猪场数字化管理体系和生产经营决策系统，为猪场的生物安全、生产经营保驾护航，形成猪场的数据积累，实时分析猪场核心指标，精准核算猪场经营成本；猪场管理的硬件设备实现云端链接互通，打破数据孤岛，实现设备智能化运作与预警。

（二）数字化是手段

公司建设的核心就是推动猪场数字化转型和精准养殖管理。将猪场环境、生猪行为、养殖过程数据化，结合精准感知、统计分析算法进行大数据分析，建立智慧猪场的异常预警、环境调控、过程记录、选种育种等数字化流程机制，打造智慧猪场数据闭环，真正实现降本增效。

（三）新技术是法宝

在生猪养殖方面，数字农业也呈现出巨大的发展潜力和广阔的应用前景。新技术的应用将加速对传统农业各领域、各环节的数字化改造。农业高质量发展是当今现代化农业的主题，推进农业高质量发展要在绿色、安全、优质、高效方面下功夫，这些都离不开农业数字化催生的新模式和新业态，推广应用物联网、大数据、云计算和移动互联等现代信息技术，能够不断提升农业生产经营管理数字化和智能化水平。

"互联网+"时代鼎丰农业科技新作为

为服务好市民健康餐桌,昆山鼎丰农业科技发展有限公司通过不断完善"智慧监管+数字调控"产业配套,推动苏州市"智慧农业"示范基地有机农场建设,实现可视化有机种植和"互联网+"营销,加速了农业生产经营数字化发展。

▶▶ 一、基本概况

昆山鼎丰农业科技发展有限公司注册于2008年1月,注册资金1000万元,位于昆山市周庄镇复兴村澄尚自然村西湖甸路1号,注册商标"上膳源",园区占地面积400亩,现已形成以有机蔬菜种植为主,集休闲采摘、土地认养、畜禽水产养殖等为一体的综合性农场,公司的有机蔬菜产品具有较高的市场认同度,年接待参观考察者约3.5万人、采摘散客约8000人次,土地认养达960余户。公司先后获评"省级农产品质量安全追溯管理示范单位""江苏省农业信息化示范基地""江苏省科技型中小企业""江苏省高新技术企业培育库入库企业""江苏省创意农园""江苏省三星级乡村旅游示范区""苏州市高标准蔬菜基地示范园""苏州市农业产业化龙头企业""苏州市'菜篮子'标准园示范单位""苏州市智慧农业示范生产场景""苏州市名牌产品""苏州市'科普惠农'服务站""苏州市级农业产业化联合体"等。

▶▶ 二、主要做法和成效

（一）监控体系监管生产过程

为保证每个环节的产品质量，公司配备了实时监控系统，可以随时调取相应环节的监控记录进行追溯。私家菜园模式下，每个地块都拥有自己的监控摄像头，通过扫描信息牌的二维码可以获取相应的管理信息。2020年，配合阳光农安"农产品质量安全监管模式"需要，公司对设施大棚进行了智慧提升，实现四类AI农事行为（身份、配药、打药、采摘）识别、三类非安全农事行为（陌生人进入生产作业区、无匹配配药记录打药行为、休药期内采摘行为）报警。

（二）智能环控设备控制生产环境

公司在设施蔬菜大棚内安装多功能植保机，可实时监测使用环境的温湿度及光照强度，并将检测数据上传到服务平台，最终通过手机APP呈现，还可根据需要进行实时调控，对设施蔬菜生产环境进行智能化管控，同时也可以通过设置定时装置，使设备按照设定时间自动工作，实现消毒、杀菌、杀虫的自动化。农场生猪养殖场引入智能化环控系统，包括调控温度、湿度、氨气浓度的设备，以及相应的控制器、传感器等，实现养殖环境智能化管理。

（三）现代农机助力农业生产

公司引进十余项机械化生产装备，如精密播种机、旋耕机、多功能田园管理机、包装机等涉及农事生产各环节的先进农机，进行机械化的田间管理及采摘包装。实施肥水一体化项目，在基地养殖场建立粪污处理系统，利用畜禽废弃物进行生物发酵，发酵后的沼液通过设施大棚喷滴灌系统还田，实行种养循环。基地南区、北区各配备一个育苗大棚，按生产计划及有机管理要求进行育苗，育苗棚内配置精密播种机、制钵机及温度控制器，满足基地全年育苗需要。

(四) 信息化系统加强大数据管理

为了做好投入品管理工作，在表格管理记录投入品进出库信息的基础上，公司于 2019 年引进金蝶云星空系统，对种子、肥料、生物制剂等投入品进行信息化管理。企业自主研发管易 EC-OMS 订单管理软件 + EC-WMS 仓储管理软件，进行订单、物流等信息管理，并为企业管理提供数据基础。利用江苏省农产品质量追溯管理平台及昆山智慧农业农村管理系统对生产信息进行实时记录，确保产品可追溯，力争实现从生产至销售的全方位智慧化管理。公司以统一标准进行采摘、包装，每个产品均张贴认证机构颁发的二维码，客户可通过扫码对产品的生产信息进行浏览，实现全程可追溯。

(五) 冷链监控系统保障产品配送

为确保配送服务的高品质，公司拥有自己的物流分装中心，并自建全程冷链物流体系。引入车载 GPS 温度监控系统，对产品存储环境及配送车辆地理位置进行实时监控，当存储温度超过适宜温度时，系统将会发出警报。工作人员通过对车辆的实时监控，可以对温度进行实时调整，并可对配送时间进行精确分析。公司自建客服团队和售后反馈群，及时快速地解决售后问题，并及时将客户的反馈信息提交公司领导层，以便快速做出改进，形成积极有效的反馈机制。

(六) "互联网+" 拓宽销售渠道

顺应 "互联网+" 发展形势，公司自 2014 年起推出手机 APP，并自建官网投入运行。在此基础上，公司于 2015 年 5 月上线天猫旗舰店，上线以来，产品销量不断增加。客户通过试买增强了对公司产品品质的认同感，由线上客户发展为线下会员，为公司发展起到了良好的促进作用。随着电子商务的发展，在原有的官网、手机 APP、天猫的基础上，公司陆续加入其他电商平台，如京东、微商城、微信公众号、食行生鲜等，不断壮大互联网销售。2021 年，公司实现电子商务销售 1050 万元。

三、经验启示

(一) "智慧农业" 促进产业升级

传统农业生产技术落后，容易受周围环境及恶劣天气的影响，人工消耗较大，生产效率较低。"智慧农业"按照规模化、设施化、智能化、融合化、绿色化的发展思路，将先进的科技和设施设备应用到农业生产中。农业监控系统的应用，大大提高了农场的管理效率，既可以记录生产过程的农事操作，又可以起到安全监管作用；智能环控设备的应用，不仅可以节约人力，还可以根据环境条件实现精准调控，提高抗自然灾害的能力；现代农机的应用大大提升了农业种植生产效率，同时也提升了生产精细化程度；数据系统的应用能及时记录蔬菜的浇水、施肥、病虫害防治等农事操作情况，为提高蔬菜生产技术积累了大量的数据。

（二）信息管理保障产品质量

人民生活水平的不断提高，对农业发展和农副产品品质提出了更高要求。当前，我国农产品质量安全工作仍面临不少困难，农产品质量安全隐患仍然突出，药残留超标、违法添加违禁物等问题时有发生，产地环境污染造成的农产品质量风险依然存在。"智慧农业"不仅通过生产投入品和农事操作的记录、生产过程的监控、生产数据的整理以及农产品质量安全信息平台的上报，实现对农产品生产、流通、加工、销售的全流程风险监测、质量追溯和预警应急管理，确保农产品的质量安全，同时还可以向广大客户展示生产和质量追溯过程，提高客户对产品的认可度。

（三）数字调控改善产品流通

蔬果类农产品大多数具有季节性、区域性、易腐烂等特点，传统农业蔬果类农产品的保存时间和运输范围有限，在流通过程中损失严重，成本较高，同时也会出现集中上市造成销售困难的问题，导致丰产不丰收。"智慧农业"为解决上述难题提供了技术支撑，智慧冷链物流对生鲜农产品流通实施全程温控，确保产品品质，大幅降低了产品损耗。

（四）线上线下促进融合发展

"互联网+"销售，不仅可以提供销售新途径、扩大客户范围、提高产品销量和配送准确度，客户也可以通过互联网了解并试买产品，在认同公司产品品质的基础上，由线上客户发展为线下会员，促进线上线下良性互动。公司通过销售平台和微信群建立客户服务及售后反馈机制，及时了解客户需求并解决客户售后问题，形成完备的线上服务机制，提高客户的认可度和满意度。

"智慧芯片"引领阳澄湖渔业生态发展

昆山市阳澄湖生态高效渔业发展有限公司本着设施先进、规模经营、标准生产、生态养殖、品牌营销、产业互动的理念,运行公司化管理模式,推行标准化生产和三级尾水处理循环利用的养殖模式。2020年以来,公司先后投入467.9万元,用于大闸蟹养殖智能设施软硬件建设、标准化池塘提升建设。公司借助阳澄湖大闸蟹的产业优势,结合水城遗址保护和旅游资源开发,全力打造规划设计科学、产业特色鲜明、科技含量较高、物质装备先进、运作机制灵活,综合效益显著的现代渔业示范园。

▶▶ 一、基本概况

昆山市阳澄湖生态高效渔业发展有限公司(以下简称园区)位于昆山市巴城镇西北部,是昆山市巴城镇阳澄湖农业发展有限公司(巴城镇镇政府下属集体企业)下属分公司,园区是2009年以来昆山市重点实事工程、太湖流域阳澄湖地区水污染工程治理项目和昆山市城市生态文明建设重点工程，总建设规模7800亩，一期1400亩于2011年投入生产，二期3300亩于2012年完成建设，三期3100亩于2013年完成建设，市、镇两级财政共投入资金2.2亿元。阳澄湖生态高效渔业产业园是昆山市全力打造的高标准现代渔业园区，园区特色鲜明，主打虾蟹混养，信息化管理手段先进，示范辐射带动作用成效明显，园区坚持科技兴渔、数字赋能、产业向绿，全面加强渔业信息化管理，渔业信息化有力地助推了昆山大闸蟹产业体系转型升级。园区先后获评"2012年度农业部水产健康养殖示范场""2014年度苏州市'智慧农业'示范基地""2016—2017年度昆山市十佳生态环境友好型企业""2020年江苏省数字农业农村新技术应用新型农业经营主体""2020年苏州市高标准水产养殖示范基地""农业农村部2017—2020年度国家虾蟹产业技术体系苏州综合实验站昆山示范点""2020年昆山市农业农村局和中国水产科学院淡水渔业研究中心战略合作实验点""苏州市智慧农业示范生产场景"等。

▶▶ 二、主要做法和成效

（一）实现园区智能化生产全覆盖，积极引领全市渔业生产智能化发展

1. 全面实现园区渔业生产信息化管理

园区推广物联网技术，全面应用昆山智慧农业农村管理系统渔业智能化生产管理平台，实时监控园区生产环境和养殖水域环境。投入使用渔业机器人，用药调水和渔业机器人投饵来替代传统渔业作业方式。采用国际领先的变频自动供水技术，实现池塘养殖自动化供水，供水管道水压稳定在5千克，亩电费66元，与传统水泵供水（亩电费110元）相比，亩节省电费44元。

2. 加强水产品质量安全管理

园区可实时监测溶解氧、pH值、水温3类参数，定时分析氨氮、总磷、总氮、高锰酸盐、亚硝酸盐5项参数。结合水质监测溶解氧参数，远程控制微孔增氧，满足虾蟹溶氧生长需求；结合水质监测pH值参数，采用微生物制剂水质调控，营造虾蟹良好的生长环境；结合水质分析参数，确保前端水源安全，池塘水质良好，实现循环渔业。全面应用昆山智慧农业农村管理系统水产品质量安全管理平台，全程记录渔事活动，把苗种放养、饲料投喂、鱼病防治、水质调控、生态环境营造、捕捞与销售等全过程纳入管理。

3. 开展地产阳澄湖大闸蟹信用体系建设

园区虾蟹养殖户全面应用昆山智慧农业农村管理系统昆山地产阳澄湖大闸蟹信用管理平台，开展产品送检活动，实现虾蟹养殖户信用等级评估和积分管理，坚持科技兴农、数字赋能、产业向绿，发挥阳澄湖大闸蟹区域地理标志品牌优势，提高渔业的附加值。

（二）园区信息化管理特色鲜明，有力助推渔业产业提档升级

1. 规划先行，加强园区基础设施建设

园区渔业智能化建设实施方案与基地建设工程同步设计、同步施工、同步应用，精心组织实施园区渔业智能化项目，建成监控中心1个、展示厅1个、水产分院1所和渔药经营店1家，共有视频安防点148个、水质在线监测点16个、水质分析点3个、微孔增氧自动控制点11个、水质分析设备5套、渔业机器人2台、变频控制泵站10座。

2. 加强智能装备应用，积极发展智慧渔业

园区应用渔业机器人，实现泵站变频自动供水、微孔增氧PC端和手机端远程控制；结合监测参数，加强渔业园区信息化管理；结合视频监控，强化科技指导，尽量避免高温、暴雨等灾害性天气对渔业生产方面的影响。此外，加强系统和设备的日常维护，确保系统高效运行。水质监测设备每月维护2次，水质分析设备每月维护1次，视频监控设备每季度维护1次，故障维护48小时及时响应，每季度及时更换水质分析试剂。

（三）经济、社会、质量、生态协调发展，以信息化抢占渔业现代化建设制高点

1. 促进渔业节本增效、渔民增收致富

园区用药调水和渔业机器人投饵替代传统渔业作业方式，大大提高了劳动效率；园区养殖户每户平均养殖水面50亩，巴城镇其他村养殖户每户养殖水面20亩，节约劳动用工60%；泵站变频自动供水，养殖户共享政府配置资源，亩节约成本44元。2018年，园区亩产大闸蟹80千克、青虾30千克，实现亩产值16000元、亩效益8000元；2020年，园区亩产大闸蟹100千克、青虾30千克，实现亩产值19300元、亩效益10800元，生产效益提升了35%。

2. 提升渔业产业层次

园区应用昆山智慧农业农村管理系统，实时分析总磷、总氮等5类参数，

结合水质分析参数,为实施生态养殖渔业园区建设和池塘养殖循环水工程提供数据支撑,助推全镇3万亩渔业园区建设。通过产业集群、产业链延伸及阳澄湖产业研究院科技成果孵化,加快周边渔业园区及养殖户区域发展、规模经营和节资集资,为阳澄湖大闸蟹品牌文化传承提供强有力的产业体系及技术体系支撑。

3. 推进渔业生态文明建设

渔业信息化通过数字赋能园区生态文明建设,对历史水质数据报表、水环境检测数据报表进行分析后发现,园区采用排水沟湿地、净化塘、河道湿地等多级处理方式,有效地降解了氨氮等富营养物质含量,实现了池塘养殖尾水循环利用或达标排放,有效地维护了渔业生产生态环境平衡,对保护阳澄湖水源环境质量、减轻环境荷载具有十分重要的意义。

三、经验启示

昆山市阳澄湖生态高效渔业发展有限公司通过应用昆山智慧农业农村管理系统,构建了昆山市阳澄湖生态高效渔业发展有限公司渔业智能化管理平台、水产品质量安全管理平台和地产阳澄湖大闸蟹信用管理平台。目前,园区已建设成集生产、观光、休闲、娱乐等为一体的渔业公园。

(一)智慧养殖降低产业扩张风险

园区建设、池塘养殖循环水工程、园区管理中心和标准化生产为园区渔业智能化生产奠定了坚实的基础。渔业智能化项目的实施,智能装备的配置和系统的开发,实现了信息技术在渔业生产上的应用。水产行业的人工成本非常大,养殖场需要大量的人工支撑,随之而来的是人员管理的难题。只有用技术替代人工,推行规模化养殖,才能减少在扩张过程中的隐患。例如,可以通过远程控制将水产养殖辅助控制设备集中化管理,如当溶氧值高于或低于上限和下限的时候,自动开启或关闭增氧设备。这样既保障了安全性,又节省了电能和人工,做到了科学合理的养殖,减少了人工依赖性,解放了劳动力。

(二)智慧渔业,机遇与挑战并存

智慧渔业对于水产业来说是一次机遇也是一场挑战,想要抓住这个机遇,需要用数据思维来"武装"大脑,用好数据这个利器,再辅之以智能设备,在满足养殖生产的实际需求基础上，为水产养殖提供稳定、好用的设备，引领水产养殖进入智慧时代。智慧养殖可解决养殖痛点，提升养殖效益，打造真正的智慧渔业，让水产养殖从效益升级到品质提升，通过大数据让水产养殖发展趋势更清晰，让水产养殖灾害预防更明确，让养殖效益稳定可控。

（三）产品质量安全是园区立身之本

渔业信息化管理数字赋能水产品质量安全生产，加强监测数据综合应用，实现了园区及渔业生产环境可控、水域环境可调、产品质量可溯，大大提高了水产品质量安全生产水平。昆山市阳澄湖生态高效渔业发展有限公司督促养殖户加强自我管理，逐步提高信用评分；加强阳澄湖大闸蟹品牌建设，全力打造基础好、生态好、质量好、信誉好、底蕴好的"五好"大闸蟹品牌渔业，结合阳澄湖大闸蟹国家农产品地理标志，进一步挖掘资源优势。

创建"四系统一平台",确保消费者舌尖上的安全

苏州三港农副产品配送有限公司是一家集农副产品种植、配送于一体的专业化公司,通过应用物联网、大数据等信息技术,从源头对食品安全进行管控,创建"四系统一平台",确保消费者舌尖上的安全。

▶▶ 一、基本情况

苏州三港农副产品配送有限公司成立于2004年,是一家集水稻蔬果种植、农副产品配送于一体的专业化、现代化的省级农业产业化重点龙头企业。公司日配送蔬菜及其他副食品120多吨,为260多家单位、26万人就餐配送食材。公司拥有冷冻冷藏库总容积36000平方米,农副产品配送中心11000平方米,仓储面积4000平方米,拥有标准化肉类加工中心、芽苗菜生产中心、食品检验检测中心以及其他完善的储存、配送配套设施,还拥有自有蔬菜种植基地1358亩,水稻种植基地1050亩。

2014年，公司抓住了苏州"菜篮子"项目发展的机遇，在吴江国家现代农业示范园内投资建设了吴江区政府实事工程——吴江"菜篮子"工程示范中心，共投入资金5000万元，初步形成了以200亩蔬菜种植区、356平方米猪肉分割中心、日产4000千克芽苗菜生产中心、200多平方米农产品展示展销中心、63平方米质量检验检测中心、8000多平方米农副产品配送中心为内容的"一区五中心"和以蔬果种植水肥一体与物联网系统、农产品加工储藏视频监控系统、全程冷链物流与配送监管系统、蔬果种植与配送农产品全程追溯系统等四大物联网系统为主的现代农业产业化龙头企业。

公司曾入选农业农村部"全国'互联网+'现代农业百佳实践案例"，先后获得"江苏省农业产业化龙头企业""苏州市'智慧农业'示范企业""苏州市'十佳'农业科技企业""苏州市智慧农业示范生产场景"等荣誉称号。

二、主要做法和成效

（一）物联网系统贯穿全程

公司建立蔬菜种植智能化管理平台，发挥物联网在生产要素配置中的优化和集成作用，运用物联网技术，实现对参数的远程智能化控制，模拟出蔬果生长的最佳环境，达到了改善品质、增产增效的目的。同时，公司建立了农产品加工储藏视频监控系统、全程冷链物流与配送监管系统，客户下载公司APP后，可以查看所购产品的加工、分割、储藏和产品装箱的情况，通过扫描送货单的二维码，可以掌握产品生产单位、采购时间、数量、保质期等所有信息。所有产品通过物联网冷链系统配送，公司仓储堆放区域占地面积2000平方米，配有6000立方米的冷冻库、冷藏库、恒温库和低温周转车间，拥有19辆装有GPS系统的冷链车，并指定专人对车辆运行实施全天候不间断实时监控，确保公司在所有产品运输过程中可以进行实时定位和调度。

（二）追溯系统保障安全

为确保公司配送的蔬果质量安全，公司自行开发了蔬果种植与配送农产品全程追溯系统。种植区域全部覆盖视频监控，记录育苗、栽种、施肥、用药、采摘和检测的全过程。购置农药残留快速检测仪，组织专人对生产、购进的每批次蔬菜进行农药残留检测、残溶检测、卫生指标检测，同时委托苏州农产品检测中心进行添加剂检测、重金属检测。公司将自产农产品从种植到采收管理的生产记录全部数据及检测结果录入数据库，外购食材的索证索票单据、采购数量、生产商、供货商和检测结果等也录入数据库。配送农产品全程追溯配送系统将根据线上或线下的客户订单生成配送单。客户通过扫描配送单上的二维码可以查询生产基地蔬菜生产记录情况、外购产品的票证单据情况及检测结果，还可以申请查询物流配送车辆的实时 GPS 运行轨迹及生产基地、贮藏仓库的实时影像，实现了"源头可溯、质量可控、问题可追、责任可究"的可溯源目标。

（三）"互联网＋"延链增值

公司紧跟时代步伐，积极探索互联网购物，运用微信、APP、支付宝等各种互联网技术，定时推送时令蔬菜的种类、价格，订单成功后公司根据订单来分类采购，实现实时监控配送流程、配送时间，让用户更能体会到"互联网＋"时代带来的便利。公司试点开发网上销售平台，并通过线上线下联动在社区内建设了同名便利店，进一步延链增值。

三、经验启示

（一）链条溯源提升效率、强化监管

链条溯源既可以用信息化提升运行效率，也可以实现有效监管。公司搭建了一条产前、产中、产后质量安全追溯链条，率先构建保障食品安全的溯源信息体系。利用视觉 AI 技术提高智能识别并提取人员身份信息及打药、采摘等农事行为分析数据，实现智能化生产管控。目前，公司配送所使用车辆卫星定位及实时监控管理系统可实现车辆实时位置查询、驾驶员手机 APP 签到、车辆行驶路线追踪、围栏报警提醒、车辆调度监控、油耗统计等多种功能，有效提升了配送车辆管理水平。客户扫描配送清单上的二维码可实现对生产、采购、加工、检测、配送全程追溯，提升信息化和现代化水平。

（二）智能控制提高品质、增产增效

公司发挥物联网在生产要素配置中的优化和集成作用，运用物联网技术，配套大棚使用的灌溉系统、施肥系统、通风设备、温湿度探测设备等管理设备，通过对种植、灌溉、生长、采摘等环节的视频监控，完成各项参数的采集和自动分析，实现对参数的远程智能化控制，模拟出蔬果生长的最佳环境，实现了改善品质、增产增效的目的。

（三）开放合作推动创新、促进发展

公司充分利用科研院所、高校和专业机构的技术实力，积极开展项目合作，推动跨越式发展。2014年，公司以苏州经贸职业技术学院为技术支撑，在全国率先实施中小学校食品配送质量管理平台及可溯源系统构建项目，按照生产记录可存储、储运信息可查询、产品流向可追踪、食品质量可溯源的要求，建立基于信息化技术的食品配送及公司主管部门、卫生监管、教育、农委等多方共享的质量安全监管平台，实现对食品配送质量安全状况的实时监控、分析、预警以及溯源。公司与苏州市农业技术推广中心合作，进行"网室主要伏菜优质安全生产技术集成与示范"项目实验，有效推进专一化、规模化、标准化生产，蔬菜商品率能提高10%，亩增加产量约500千克，亩均增收1000元。公司还与江苏省农业科学院长期合作，经常聘请有关专家到公司授课和进行技术交流，直接带动周边农户400户，间接带动周边农户2000户。

信息化赋能智慧水产的"聚福"做法

苏州聚福水产有限公司自成立以来,始终坚持"品牌、品质、诚信、共赢"的公司宗旨,坚持科学技术是第一生产力的理念,不断开拓创新,一步步向水产育苗行业龙头企业迈进。公司对生物工程技术的应用,加速了水产新品种的培育与改良进程;智能化技术的应用,使育苗生产步入了现代化的生产阶段;能源与新材料的应用,改进了育苗生产的技术手段,使得生产进一步标准化、规模化;电子、通信、计算机以及信息技术的应用,实现了对水产育苗的全程智能管控,快速、高效地提升了产量和品质。

▶▶ 一、基本概况

苏州聚福水产有限公司成立于 2016 年 1 月,位于苏州市吴江区同里国家现代农业产业园区(北联村部西侧),是一家专业从事特种淡水水产种苗生产的企业。公司拥有标准化池塘面积 667 亩(其中同里北联国家现代农业产业园区吴江特种水产品苗种繁育中心237亩），配套办公用房300平方米，工厂化保温及控温育苗车间4000平方米；水、电、气设施配置齐全，水质处理及在线监测设备完善，车间及鱼塘所有养殖用水均经尾水处理系统净化，实现循环利用或达标排放。

公司技术团队力量雄厚，团队成员中有全职专业技术人员10人，其中高级职称1人、中级职称5人、硕士学位4人、本科学历5人；核心成员均有10年以上水产苗种和商品鱼生产、管理、销售经验。

近年来，公司不断加强人才队伍建设，优化人才结构，在培养实用性人才的基础上，积极引进专业技术人才，着力提升公司水产科技综合实力。团队拥有大口黑鲈（优鲈系列）、黄颡鱼（全雄、杂交系列）、鳜鱼、太湖白鱼等特种水产种苗规模化人工繁育的成熟技术。

公司繁、育、推、销一体化运作成果显著，铸造出了聚福苗种的卓越表现，获得了良好的品牌效应和市场口碑，产品覆盖国内华东、华南、华中及西南等十多个省份的重点养殖地区，年产销大口黑鲈等特种鱼苗10亿尾以上，规格苗种1000万尾以上，商品鱼350吨以上。

2017年公司被审定为大口黑鲈省级良种繁育场，2018年被列为国家特色淡水鱼产业技术体系示范基地，2019年被认定为江苏特色优势种苗中心、苏州市"三高一美"示范基地，2021年入选"苏州市智慧农业示范生产场景""江苏现代农业（大宗鱼类）产业体系核心示范基地"。

▶▶ 二、主要做法和成效

（一）把握产业区位优势，不断提升产能，为养殖户创利增收

吴江濒临太湖，境内河港如织，湖荡星罗棋布，气候温和，寒冬极少发生水面冰冻，具有得天独厚的越冬成鱼生长、鱼苗繁育的自然条件。全区水域40余万亩，水产养殖面积18.36万亩，特种水产品养殖面积8.16万亩，境内水生动物种类繁多，素有"水乡泽国""鱼米之乡""鲈鱼之乡"等美誉，诸多得天独厚的条件为发展水产养殖提供了坚实保障。吴江区是长三角地区传统优势养殖区域，渔业养殖历史悠久，养殖技术精良。多年来，吴江区水产养殖生产以市场为导向，以提高经济效益为中心，以科技为依托，不断调整和优化养殖品种结构，通过试验示范，大力引进名特优新品种和推行健康养殖，促进了全区水产品产量、质量和产值的提高。水产养殖业已成为

吴江农业中的支柱产业，对促进农村稳定和农民增收发挥了不可替代的作用。

公司从2016年运营以来，经过6年的不断发展与完善，从技术队伍建设，到良种筛选引进、隔离、保种、繁育、更新等各个方面都建立了较为完善的生产管理机制，良种生产能力也逐步提高，保障了苏州周边地区优良苗种的供应并辐射全国，不断满足和适应市场需求，取得了较好的经济和社会效益。公司将建设亲本选育基地，进一步扩大后备亲本培育规模、大规格鱼种培育规模、工厂化商品鱼养殖基地以及配套设施设备，以期完善公司产品体系和产业规模。未来5—10年，公司计划在全国范围内新增良种繁育基地3个（广东、武汉、苏北），增加良种保种育种及苗种繁殖培育工厂化面积20000平方米、标准化池塘面积2000亩。年均苗种产能50亿尾，实现大口黑鲈全国良种覆盖率15%、苏州地区良种覆盖率80%以上的目标。

（二）利用产学研合作优势，建立良种繁育中心，做优做强种业经济

公司成立以来，始终坚持以"科技创新"推动企业发展，坚持走产学研相结合的发展道路，与中国水产科学研究院淡水渔业研究中心、珠江水产研究所、苏州大学等知名水产科研院（所）和高校的教授、专家建立了良好的合作关系，联合开展水产新品种的繁育、选育研究，并取得了一定的成果。

党中央高度关注种业种源，号召抓紧培育具有自主知识产权的优良品种，从源头上保障国家粮食安全。水产良种是水产行业的根本，是水产养殖业结构调整和水产业持续健康发展的首要条件，发展种业经济是江苏"十四五"种业规划的重要举措。公司自成立以来十分重视良种生产，不断通过提升良种化水平、提高良种品质、保障良种的质量安全水平，夯实自主种业知识产权基础。同时，有效带动大口黑鲈、太湖白鱼等特种水产产业的发展，在整体上促进苏州市乃至全省特种水产业的可持续发展。

公司紧紧围绕"新品种选育技术"开展工作，依靠遗传学理论和现代生物育种技术进行遗传选育和改良，保证品种优良性状和基因的延续与提升，建立有效的良种繁育体系，推动苏州市水产良种覆盖率，以达到增产、增效、增收的目的。公司目前已与中国水产科学研究院淡水渔业研究中心、苏州市水产技术推广站、金澄福生物科技（苏州）有限公司共同从美国引进大口黑鲈原种，并开展了新品种培育研究的工作，目前各项工作均在积极有条不紊的推进中。

（三）运用智能化手段，实现智慧育苗，发展健康、绿色、高效渔业

水产育苗行业是一个前景可期的行业，高可控、优质量的水产苗种能让更多的养殖户走上致富之路，在快速发展、人口众多的中国更是如此。进入21世纪以来，水产育苗行业发生了翻天覆地的变化，传统粗放的生产管理方式已慢慢退出历史的舞台，而规模化、标准化、智能化的生产模式才能与当代社会的发展相符。苏州聚福水产有限公司合理利用各种高科技智能化技术，由人工育苗走向了科技育苗、智慧育苗。

（1）水产智能监测系统采用具有自主识别功能的监测传感器，对水温、溶解氧、pH值、氨氮、亚硝酸盐等水质数据进行实时采集并分析，当数据低于或高出设定值时会自动报警并将信息反馈，同时自动开启或关闭加温、水流、增氧机等。

（2）视频监控系统可在办公区现场观察育苗区的实时情况，亦可通过手机远程查看实时状况，及时发现并处理相关事宜。视频信息可回看、传输和存储，及时发现育苗过程中遇到的问题，查找分析原因，确保安全生产。

（3）智能化控制系统可根据育苗各阶段所需的条件设置各项数值，如水温、增氧、投饲、换水等，在无人操作的情况下自动运营设备，以保障育苗过程安全可控，同时大幅降低人工、水电等生产成本。

（4）信息管理平台的建设可全程追溯苗种的整个生产过程，包括苗种数量、品种、鱼药、饲料等，保障监管工作的及时性、准确性和有效性。

▶▶ 三、经验启示

（一）加强水产软硬件建设，重视高素质人才培养

智慧渔业水产设施设备的广泛利用带来了巨大好处，可以帮助实现育苗过程中的实时水质监测、智能控制、智能投喂，减少用工、用电，节约成本，实现精准控制和智慧养殖，是苗种行业今后发展的必然趋势。但是创建智慧育苗模式的先决条件是配置先进的软件和硬件设施来改善智慧渔业的模式，并且在智慧渔业中把人才放在第一位。目前从事水产养殖的人群中，高等学历的人才比例还比较低，专业从事水产的技术或科研人员有时还难以满足智慧渔业模式所需要的全能型人才的需求，因此培育精通多种技术的高端复合型人才尤为重要。

(二) 加大科研投入，保障苗种质量

水产种业是水产的基础产业，种业强则水产强，种业不强则养殖等后端产业就很难发展，因此水产苗种质量是一个苗种企业的生存之本。企业要加强与科研院所、高校的合作，利用生物工程技术，对品种进行选育和改良，保障和提高良种基因的优越性与稳定性，促进水产养殖业健康可持续发展。

(三) 坚持智慧渔业创新，实现产业社会价值

随着社会的不断发展，智慧渔业已成为一种新型的水产养殖模式，但依旧需要根据市场上的变化来不断创新。只有不断创新，才能让智慧渔业水产养殖模式产量和品质得到更大的提升。在智慧渔业水产养殖模式下，要加强对相关养殖人员的培训力度，将切实可行的科技成功推广到智慧渔业当中，通过市场的商业化流通，最终实现智慧渔业水产养殖的商业价值。

"公司化运作+园区引领" 打造七都渔业智慧样板

苏州浦江源太湖特种水产有限公司深入践行"绿水青山就是金山银山"的"两山"理念,积极抢抓乡村振兴和长三角一体化两大国家战略带来的历史机遇,依托濒临太湖得天独厚的自然资源优势,始终坚持以生态优先、绿色发展为引领,在吴江区高质量完成太湖围网拆除、水源地整治、退捕禁捕等工作的基础上,以打造长三角一体化发展示范区乃至全国水产养殖标杆为目标,通过公司化运作方式,全力打造智慧渔业生产场景,不断推动现代渔业高质量发展和浦江源太湖蟹生态养殖示范园提档升级。

▶▶ 一、基本概况

苏州浦江源太湖特种水产有限公司于2012年由吴江区七都镇人民政府发文组建,主要从事水产品养殖和销售。公司的建设发展得到了国家、省、区、市各级领导和部门的高度重视,生态环境部、农业农村部等领导先后多次来公司现场调研指导。公司始终践行生态养殖理念，积极引进高技术人才，辐射带动周边，重点聚焦环境提升、生态保护、长效管理、品牌建设等方面，先后投入1亿元推动浦江源太湖蟹生态养殖示范园建设，投入6000多万元推动智慧渔场生产场景的打造。

通过不懈努力奋斗，公司负责规划建设和运营管理的浦江源太湖蟹生态养殖示范园先后被评为"全国首批国家级水产健康养殖和生态养殖示范区""全国农村创业园区""江苏省数字农业农村基地""江苏省农业科技示范展示基地""江苏省智能农业百佳案例""苏州市级智慧渔场示范生产场景"等，"浦江源"（太湖大闸蟹）获得"苏州市十大智慧农业品牌"荣誉称号。《新华日报》《扬子晚报》《苏州日报》《新民晚报》等多家媒体多次关注、报道公司。

二、主要做法和成效

公司以数字赋能现代渔业发展，贯穿生产全过程，先后建成"两平台、两中心、五系统"，包括智慧管理平台、电商销售平台、检测检疫中心、电商物流中心、视频监控系统、智能监测系统、物联网控制系统、产品质量追溯系统、养殖尾水处理系统，全力推动渔业高质量发展。

（一）"两平台"

1. 智慧管理平台

智慧管理平台主要包含园区总览、智慧养殖、质量控制、日常管理4个板块。智慧管理平台作为养殖数据存储和智能管控中心，协同物联网设备进行远程实时监控，实时采集养殖环境信息，为实现快速精准管理决策提供技术支撑。同时，平台也为养殖户提供渔业政策、养殖技术方面的云上服务。目前，平台已接入江苏省苏农云平台、吴江数字农业农村管理平台，实现云上数据资源共享。整个生产过程中所获取的信息数据资料自动上传至浦江源水产园区智慧平台并实时更新，实现内部网络数据互联互通。

2. 电商销售平台

公司与淘宝、拼多多、京东等销售平台合作，使得本地产品能够在线上进行销售，有效扩宽了销路，提升了经济效益。

（二）"两中心"

1. 检测检疫中心

公司建有检测检疫中心，内设接样室，细菌、寄生虫实验室，分子生物实验室及理化实验室，重点对太湖蟹的细菌和寄生虫情况、农药残留、重金属、亚硝酸盐等进行检测检疫。

2. 电商物流中心

电商物流中心已经建成，内设清洗、捆扎、分选、保鲜区，电商直播区及暂养区。公司已配备冷藏库、保鲜库、智能拣重分选机、半自动绑蟹机和智能包装机等设备。

（三）"五系统"

1. 视频监控系统

公司在养殖池周边建立完整的监控网络，配备172台陆地摄像头、4套水下摄像系统，对基础数据进行实时采集，可远程对养殖环境做出基础性判断。水下摄像头捕捉到蟹池底部的画面有助于建立密度分析，合理调整放养密度，提高养殖利用率，帮助公司更精准地预测产量。

2. 智能监测系统

公司配备9套水质在线监测设备，能够实时监测水温、溶解氧、pH值、氨氮、总氮、总磷等指标。配备气象在线监测设备1套，可实时监测气压、气温、湿度、风向等指标，用于远程获取日常基本养殖活动所需数据。

3. 物联网控制系统

公司在核心区已安装4套物联网自动控制增氧设备，能够根据监测到的水质、气象指标快速做出决策。配备无人自动投饵船1条，用机器代替人工投饵，有效提高了投喂效率，节省了饵料的同时也减少了人工成本。

4. 产品质量追溯系统

公司不断建立健全水产品质量追溯体系，与江苏省农产品质量追溯平台互联互通，通过建立太湖蟹食用品合格证质量追溯二维码，实现手机端查看产品生产过程追溯记录、企业信息及监管记录。

5. 养殖尾水处理系统

养殖尾水净化区由中国科学院水生生物研究所设计，总面积达494亩，占养殖面积的15%以上。采用中国科学院水生生物研究所垂直流湿地专利技术，通过生态塘、生态沟渠、高效垂直潜流＋表面流人工湿地生态处理系统净化养殖尾水，养殖尾水排放达到江苏省生态环保厅发布的《池塘养殖尾水排放标准》（DB32/4043—2021）。

三、经验启示

（一）优化组织管理

苏州浦江源太湖特种水产有限公司是浦江源太湖蟹生态养殖示范园区的经营管理主体。公司抽调各部门技术骨干组成工作小组，各自开展具体相关工作业务。生态养殖示范园区内入驻主体有水产养殖企业、专业合作社、个体工商户，同时引入物业公司负责日常管理工作。按照"政府培育、企业自主、市场运作、政策扶持"原则，引入市场机制和竞争机制，采用现代企业制度和公司化运营机制，组织管理。为进一步加快推动园区建设发展，根据机构改革、人事变动的情况和工作的实际需要，2021年苏州市吴江区七都镇人民政府决定发文对浦江源太湖蟹生态养殖示范园区管理委员会成员进行调整，进一步配强管理力量。同时，园区以七都镇政府牵头，由苏州浦江源太湖特种水产有限公司进行规划建设，引入专业物业公司进行日常管理。同时邀请苏州市农业农村局水产养殖方面的技术人员担任小组成员，负责指导水产养殖、尾水标准化改造等方面的技术问题，使项目建设科学有序地开展。

（二）提升经济效益

公司采用"人放天养"生态增殖模式，还原大闸蟹在太湖中自然生长的环境，为市场提供品质优良的太湖蟹，满足人们对优质水产品的需求，实现水产品稳产保供。在放养密度、投喂饲料、精准用药、尾水净化等方面，公司通过智能化远程监测系统实现对水环境的实时监测，及时进行水质调控。通过大数据的精准收集，为生产决策方案提供更加精确的指导，确保养殖产品处在最适生长环境下。在销售环节配备冷链运输设备和智能分拣、半自动捆扎、自动包装设备，用标准化生产方式严格控制水产品的综合生产和服务。全产业链机械化和智能化的使用，使公司每年大约能节省20%以上的饲料、30%以上的人工成本，有效实现了减工降本和提质增效。

（三）放大生态效益

公司树立对水生动物病害"精准用药、减量用药、零用药"的理念，坚持"绿色生态防控、渔药减量增效"的方针,依靠科技进步,依托水产技术推广体系、科研院所、龙头企业等机构共同推进渔药使用减量行动,提升水产养殖技术装备水平,加快转变水生动物病害防控方式,大力推进绿色生态防控技术,实现渔药的减量使用并有效控制水生动物病害的发生,为渔业的可持续发展和转型升级提供技术支撑。尾水净化区采用中国科学院水生生物研究所垂直流湿地专利技术,通过生态塘、生态沟渠、高效垂直潜流+表面流人工湿地生态处理系统处理水产养殖尾水,水体固体悬浮物去除率达到95%以上,总氮和总磷指标可有效降低80%以上,排水水质可达到江苏省生态环保厅发布的《池塘养殖尾水排放标准》(DB32/4043—2021),水体可循环利用。垂直流湿地专利技术使养殖尾水逐级净化、循环利用,耗水量低,营养物质利用率高,年处理量可达98.55万吨,处理面积4225亩,有效减少了污染物排放,提升了区域水质,能够完全满足智能化渔场养殖用水的需要,真正实现循环水养殖,不向外排放。

立美智能 ERP 管理系统助力农业生产转型升级

苏州立美园艺科技有限公司积极申报 2022 年国家数字农业应用推广基地建设项目,围绕花卉穴盘苗全产业链条,利用移动互联网、物联网、大数据、ERP(企业资源计划)管理系统、智能化生产设备等打造苏州花卉产业数字化管理服务平台,实现花卉种苗生产精准化、经营智慧化、服务在线化以及生产智能化、管理数据化和品牌数字化。

▶▶ 一、基本概况

苏州立美园艺科技有限公司成立于 2019 年 3 月,2020 年 10 月投入生产,同吴江国家现代农业园区合作,引进国外先进的智能机器人生产线,致力于打造一个现代农业智能自动化生产、示范基地,是一家集园艺新产品、新技术推广应用,园艺种子、种苗生产和销售,花卉种植和花卉景观工程应用推广为一体的高新农业科技企业。基地占地面积 120 亩左右,智能温室规划 2 万平方米,玻璃温室 8000 平方米,薄膜温室 2 万平方米。目前基地建设一期

1万平方米的智能温室及8000平方米的玻璃温室已投入使用,二期计划建设1万平方米智能温室及2万平方米薄膜温室。基地主要以园艺种苗生产为主,计划年产各类种苗1.5亿株,成品8000万盆,产值1亿元左右,产品目前服务的地区主要为江、浙、沪等长三角地区。

公司设立种子、种苗事业部,盆花、景观工程事业部,电商运营事业部。与日本、德国、美国、英国等多个国家的多家园艺公司保持良好的合作关系。目前公司投入应用智能ERP中央管理系统、智能自动化生产系统、物联网环境控制系统等三大智能系统。

智能ERP管理系统引领、示范效应突出,社会效益、经济效益显著,得到省、市各级领导、专家和同行的认可,以及新华社、中央电视台和省市多家媒体的关注及报道。2021年,公司入选"江苏省智慧农业百佳案例",并获得"苏州市智慧农业生产场景园艺场景"荣誉。

▶▶ 二、主要做法和成效

现代农业和设施园艺产业的快速发展对种苗的需求越来越大,对规模化种苗生产与供应提出了更高的要求,市场急需一批专业化、标准化、规模化、集约化的种苗生产商。作为中国经济最活跃的长三角地区,每年仅花卉种苗的需求量就达到15亿株左右,目前缺口很大,整个江苏还没有一家真正实现大规模、专业化的育苗工厂,给当地生产造成了很大的困扰,制约了本地产业的快速发展。立美园艺为满足市场需求,于2019年成立了智能化育苗中心,2020年10月投产。

(一)自主开发智能ERP中央管理系统

1. 打造信息化订单处理模式

利用大数据,智能ERP中央管理系统集成订单处理、物资管理(销售、采购、库存)、人力资源及财务管理等于一体,根据订单信息,系统自动计算订单生产所需的各种物料、生产时间等。

2. 利用植物生长模型进行生产管控

根据不同品种在不同季节生产所需的时间及生长的数据,智能ERP中央管理系统完成了从种子播种到长成穴盘苗生产所需的四个阶段的模型构建,并进行生产管控,计算出不同品种在不同季节播种的日期,需要的生长天数,催芽需要的时间,每个阶段所需水分、温度、湿度、光照等生长的条件,何时补苗、打药预防、生长调节等。对整个生产工序提前预警、提示，直到该订单全部完成，实现全程信息化。

3. 实现高效运营

智能 ERP 中央管理系统通过信息化订单处理模式，利用植物生长模型进行生产管控，在企业资源最优化配置的前提下对所有的生产经营活动进行整合，达到最高效化，避免人工操作产生的信息错误问题，生产计划性更强，且增强了管理质量，降低了生产成本，提高了 30% 左右的效率，节省了 25% 左右的人力成本。

(二) 建设全自动智能播种流水线

1. 自动播种线

自动播种线由基质自动破碎、基质自动搅拌、穴盘自动填充、自动压孔、自动播种等构成。自动播种线的效率非常高，8 小时可播种 100 万粒种子，整条生产线需要 3 个工人操作，人工播种量每天在 2 万—3 万粒/人，整条流水线生产能力是人工的 30 倍，节省了 45% 的人力成本，实现了种苗的标准化生产。

2. 智能种子催芽室

智能种子催芽室由恒温恒湿系统、自动补水及迷雾系统、全天候补光系统、全天候空气循环系统等构成。智能种子催芽室的优势很显著，可为种子萌发提供最合适的发芽温度以及最适宜的空气湿度、土壤湿度，提供发芽所需光照，加速种子的发芽速度，以缩短种苗生产的周期；可 24 小时不间断地循环空气，使整个催芽室内部的每个空间尽可能地保证同样的温度和湿度，为不同位置的种子提供相同的环境条件，保证种子发芽的整齐度和一致性。智能种子催芽室不受季节的影响，提高了催芽效率，间接节省 25% 的成本。

3. 智能喷灌系统

智能喷灌系统由肥水一体化系统和自走式喷灌机等组成。回收的雨水（温室屋顶收集）经水处理设备处理，再由紫外线消毒杀菌后供给温室循环使用。有手动、遥控、电脑远程控制等三种控制方式。智能喷灌系统的优势在于可提前设置需要浇水施肥的区域，实现无人工、定时、定点、定量、自动灌溉，实现全程自动化操作，肥水精准控制，节约 20% 以上水、肥，节省 40% 的人工，提高 35% 的效率。

（三）建设物联网环境控制系统

1. 物联网环境控制系统

通过 5G 等信息化技术可实现远程获取温室内部温度、湿度、光照、二氧化碳浓度等环境参数，同时，对温室配置的天窗、风机、水帘、高压弥雾系统、环流风机等设备进行优化自动控制，为植物提供更好的生长环境，实现环境控制自动化。通过实现农业生产场景的在线化、信息化、可视化监测和监控，节省 40% 的人工，提升 30% 的效率。

2. 全自动智能补苗机器人生产线机器人系统集成

利用 AI 自动成像识别系统、种苗自动吹除系统和植物机械抓手，实现自动选苗。"人+机器"的组合一天（8 小时）可补苗 80 万株，是人工补苗效率的 10 倍。

3. 运营模式

采用智能 ERP 中央管理系统，对订单处理、物料管控、生产管控、财务及人力资源和市场营销统筹管理；全部生产采用订单式生产，所有订单均须提前 1—3 月预定，交预付金后安排生产，出货前一周通知客户，改变了传统的先生产后销售的模式。

三、经验启示

（一）加强科学规划，强化科技支持

产业发展，规划先行。智慧农业必然要经过一个培育、成长和成熟的过程。应坚持创新驱动发展，根据智慧农业发展规划制定相应的配套措施；鼓励引导高校、科研院所和企业建立产业技术联盟，提升多学科、多部门协同创新攻关能力，聚集更多创新资源，推动模式创新、技术创新，以创新引领智慧农业发展。2021 年公司完成中国第十届崇明花博会重要品种生产任务，同时和苏州农业职业技术学院合作，加入江苏现代农业校企（园区）合作联盟，共同培养未来智慧农业需要之人才；加入长三角生态绿色一体化发展示范区、乡村振兴人才培养联盟，使之成为公司的实践教学基地。

（二）充分发挥政府和市场作用

智慧农业具有一次性投入大、涉及面广等特点，既需要政府部门的大力支持和引导，也需要充分发挥市场作用，调动市场主体的积极性。公司通过

三大智能系统的综合使用，实现全程信息化、标准化、规模化、集约化的现代农业生产模式，实现总产量和产品质量等级提升；带动农业结构调整，推动订单式农业产业化进程，并带动农药、化肥和园艺资材等相关产业发展，同时拉动运输、餐饮、旅游等第三产业发展，增加地方财政收入，带动当地经济增长。

（三）促进农业信息化、数字化

公司采用了智能ERP中央管理系统、智能自动化生产系统和物联网环控系统，实现了日常的智慧化管理。公司充分应用现代信息技术成果，集成应用计算机与网络技术、物联网技术、音视频技术、3S（遥感技术、地理信息系统、全球定位系统）技术、无线通信技术及专家智慧与知识等，实现了农业可视化远程诊断、远程控制等智能管理。

（四）推动农业可持续化发展

公司以农业物联网技术为核心，依托吴江现代农业园区等，实施智慧农业应用示范工程，推动智慧农业发展。公司通过三大智能系统的综合使用，创建信息化主导、智能化生产新模式，构建了完整的智慧型产业生产场景，极大提升了农业信息化水平，进一步推动了农业转型升级，对智慧农业建设具有重大的借鉴意义，为乡村振兴注入了新的力量。

智慧牧场助力苏太企业高质量发展

苏州苏太企业有限公司是江苏省农业产业化重点龙头企业、江苏省猪种质资源基因库单位、江苏省农业科技型企业,主营猪的育种、保护、推广以及猪肉产品研究、生产加工与销售等,具有完备、科学、高效的产业链。公司通过智慧牧场建设,极大地推动了企业高质量发展。

▶▶ 一、基本概况

公司所属的苏州市苏太猪育种中心,利用苏州优良地方猪种(以太湖猪为主)肉质鲜美的特点,培育成功了中国瘦肉型猪新品种——苏太猪,开发生产了苏太猪肉产品。公司先后获得国家科技进步二等奖、农业农村部科技进步一等奖等诸多荣誉。到目前为止,苏太猪已推广到全国 30 个省、自治区、直辖市,在苏州有 50 多家专卖店,曾获得"江苏省名牌产品"等荣誉。

公司核心在于凝聚合力建设苏太智慧牧场,即苏太猪育种保种基地。基地建设是苏太猪原种场的异地搬迁建设项目,并被列为2019年、2020年苏州市政府实事工程项目,于2020年建成投产。基地占地30.71亩,拥有700头种猪、年出栏种猪和商品猪17000头的生产规模。现已建成猪舍环境、喂料、除臭、饲养管理等智能化、数字化、自动化控制的现代化智慧猪场,获得"苏州市智慧农业示范生产场景"荣誉称号。

▶▶ 二、主要做法和成效

苏太智慧牧场坚持引入欧洲最先进的工艺标准,选用行业先进设备和材料,布局科学合理,实现了猪舍环境控制和饲料饮水系统自动化、数字化、网络化、智慧化生产管理,配套建设有废水污物集中处理系统、有机肥生产资源化利用、排放空气自动除臭系统等,通过物联网平台实时在线监控猪场内所有栋舍的关键参数,包括猪场的温度、湿度、二氧化碳浓度、饲料消耗、猪只头数重量等数据。基地总投资5500多万元,其中智能化、信息化软硬件设备合计650万元。

(一)建设自动喂料系统

1. 建设自动干料线系统

该系统用于种猪、仔猪培育阶段。系统将全价配合饲料用输料车送至料塔内;在电动机的带动下,通过PVC管道将饲料从料塔输送至环道,然后再将环道内的饲料送到食槽。每头种猪在不同阶段的采食量不相同,系统根据每头种猪采食量的要求,精准设定每头种猪每天的采食量到配量器,然后通过自动喂料系统给予每头种猪所需的采食量。这避免了传统的养猪模式,即依靠人工饲喂,饲养员凭感觉决定饲喂量的弊端。

2. 自动液态料系统

该系统用于后备猪、育肥猪阶段。系统通过中央处理中心的计算机,可以设定每栋猪舍、每个单元、每个栏位的具体参数,根据该栏位的猪只大小、数量,设定饲喂量,然后根据猪的生长发育情况,自动增加饲喂量。

(二)建设环境监测系统

公司与广州荷德曼科技公司合作,在基地猪舍内安装了环境监测系统。系统可监测温度、湿度、氨气浓度、二氧化碳浓度等环境参数,自动通过环控系统调节猪舍内的最佳环境参数,使猪只在理想的猪舍环境中生长发育。

（三）建设环境控制系统

1. 通风系统

通风系统通常是建立在一系列的设备装置基础之上，如风机、测定模块、进气窗、通风板、控制系统、墙面 PVC 板、水帘、进气卷帘等；这些设备听命于舍内的智能通风控制器；控制器根据设定的舍内温度自动输送命令到各系统，智能操作加大或减少通风量，从而使室内环境保持在舒适区间；通风设备根据季节环境变化，智能控制舍内环境并减少有害气体的排放。

2. 供暖系统

在分娩舍及保育舍，热源采用空气能热泵，末端采用地板辐射采暖。其特点在于：机组采用微电脑智能化控制，全自动智能运行，无须人工管理，面板可调温度和时间，真正实现全方位管理和能量可调控制。

（四）建设外围环境监测系统

1. 空气除臭系统

空气除臭系统根据猪场定制设计，可以除去 95% 的氨气、80%—95% 的臭气、100% 的粉尘，排出的污水可用作氨肥。此系统操作简单方便，可与互联网连接，实现自动化管理，同时省水、省电，使用维护成本低。

2. 排放污水水质自动在线监测系统

桃源基地于 2020 年获得了排污许可证（证书编号为 91320506137713220A003V），并且委托第三方苏州华瑞环境检测有限公司进行排放污水自动在线监测，监测 COD、氨氮、流量等指标，出水水质达到《污水排入城镇下水道水质标准》（GB18596—2015）后，纳管到桃源市政管网。

（五）建设"猪小智"监管平台

1. 智能估重系统

该系统通过猪只影像分析，可实现盘猪估重，即可实现保育、育肥猪只的智能盘点头数与估重，通过点击相应栋舍实时查看详情，包括猪只头数、栋舍猪只总重、猪只日均增重、猪只均重等参数。

2. 个体体征行为观察

用户点击猪只列表可查看猪只膘情、采食状况、体温、生产数据等，查看所要关注的猪只；同时可实现智能监控，即可实现猪只、人员、车辆等出现的智能识别，可实现历史预警时间的存储与筛选查询等功能，并可实现远程监控。

3. 工作人员智能化管理

工作人员通过查看"猪小智"监管平台的任务数据、巡检单数据、事件记录数据等，以及视频监控、远程监控等进行猪场的智能化管理。

4. 养殖档案管理方式

"猪小智"监管平台拥有养殖档案管理系统，工作人员可通过日期、类型等对猪场实行配种、分娩、断奶、免疫、防治、转群等管理。

（六）建设智能车辆消杀中心

智能车辆消杀中心通过智能控制系统设置，自动达到以下消杀效果：高压冲洗、车体消毒、沥水、烘干。车辆进入高温烘干房，设置烘干的时间为45分钟，温度为65°—70°。45分钟烘干时间到后，烘干房的门就自动打开（从常温升到70°需要6分钟）。

（七）建设粪污综合处理系统

粪污综合处理系统的特点在于全粪量经过好氧发酵罐进行降解减量；污水通过污水处理系统出来，达标后纳管到市政管网；干粪通过发酵罐利用微生物对干粪中的有机质进行生物降解、腐熟，转化成有机肥原料，实现干粪的资源化处理。

（八）建设可追溯系统

追溯方式为采用常规追溯系统，即对猪肉的生产体系（种苗、养殖等）全过程实施全面质量监控及台账记录的生产方式，其中对饲料、免疫疫苗、兽药等投入品进行了重点监控，使生产体系及产品质量具有可追溯性。

三、经验启示

（一）坚持理念引领

苏太智慧牧场的建设旨在探索产业规模化、集约化发展的现代化路径，是桃源养殖业发展的最新尝试和探索，同时不断提升农产品质量，进一步实现粪污资源化利用，打造环境友好型企业。坚持生态优先、可持续发展理念，兼顾经济效益，不断探索利用有机肥资源，结合当地种植业结构调整，积极打造种养结合的生态循环农业示范基地。深化具体建设路径，适度推进畜牧业功能拓展和一二三产业融合发展，全面铺开美丽生态牧场的建设工作。催化产业迸发经济潜力的同时，有效兼顾生态可持续发展，助力苏太企业高质量发展。

（二）坚持创新驱动

苏太智慧牧场的成功体现了持续推进智能化建设的重要意义，应持续贯彻落实创新驱动发展战略，实现数据可视化和资源化，减轻人力养殖负担，大力提升农业管理精准度。苏太猪育种保种基地是公司第一个智慧农业应用的创新基地，待该模式应用成熟后，将对公司的其他生产基地进行推广复制。同时，应不断完善现有的智慧牧场设施设备，如增加机器人消毒等智慧设施设备，即进一步提升智能化、自动化等设施设备。推动数据互联互通，有效打破信息壁垒，苏太猪育种保种基地物联网设备采集数据和信息系统已接入吴江区农业农村数据中心。苏太猪育种保种基地智慧农业应用基地建立后，将积极与相关院校、科研单位合作，创新与研发新的智慧农业科技项目，提升智慧农业水平。

（三）兼顾经济效益与社会效益

不断提升农产品质量，进一步实现粪污资源化利用，打造环境友好型企业是苏太智慧牧场一以贯之的精神和原则。苏太企业发展始终坚持生态优先、可持续发展理念，兼顾经济效益，不断探索利用有机肥资源，结合当地种植业结构调整，积极打造种养结合的生态循环农业示范基地。一是减工降本。减少常规生猪养殖人工人员的50%以上。目前猪场人工成本是仅次于饲料的第二大成本，因此，减工即可大大降本。实行饲料科学智能精准投料，减少原来人工喂料的人为偏差，约可减少5%左右的饲料浪费。二是提质增效。通过智慧化、集约化养殖，猪场环境符合生猪生长发育需要，饲料科学智能精准投料，同样土地规模，产能提高70%以上；母猪年提供生猪由常规生猪养殖的20头左右，提高到24头；病弱猪减少，生猪质量等级得到提升。三是提高社会效益。由于猪舍内环境得到改善，猪只的气喘、拉稀等常规疾病减少，兽药使用量减少30%以上。

后　记

苏州承载着习近平总书记"勾画现代化目标""为中国特色社会主义道路创造一些经验"的殷切期望。党的十八大以来，在习近平总书记的掌舵领航、党中央的坚强领导下，苏州创造了辉煌业绩，这是习近平新时代中国特色社会主义思想指导的直接成果。为此，我们用优秀典型案例汇编的形式，编撰习近平新时代中国特色社会主义思想在苏州的生动实践系列丛书。通过聚焦基层基础工作，丛书把苏州城乡基层深入学习贯彻习近平新时代中国特色社会主义思想的思路举措、工作成果呈现给广大基层干部和读者朋友。我们期待大家通过学习十八大以来苏州城乡基层的实践做法和经验启示，用新实践感悟新思想；期待大家在学深悟透习近平新时代中国特色社会主义思想的基础上，立足新发展阶段，贯彻新发展理念，构建新发展格局，推动高质量发展，用新思想指导新实践。

苏州切实贯彻落实习近平总书记对"三农"工作和江苏工作的系列重要指示精神，始终走在全国农村改革创新的最前沿。2011 年，苏州市被认定为首批全国农村改革试验区，先后承担了智慧农业等数十项国家级、省级农村改革试验任务。2020 年 5 月，苏州市人民政府和中国农业科学院联合发布全国首个农业农村现代化的评价考核指标体系，并结合实践运用，2021 年 9 月、2022 年 7 月两次完成修订完善工作，将于 2022 年年底圆满完成苏州市探索率先基本实现农业农村现代化三年行动计划（2020—2022 年）既定目标任务，实现三年行动圆满收官。经过大家的不懈努力，由《党建引领乡村振兴苏州答卷》《数字赋能乡村振兴苏州实践》《绿色绘就乡村振兴苏州画卷》三册图书组成的"乡村振兴的苏州实践"丛书终于付梓。"乡村振兴的苏州实践"丛书是大家共同努力的成果，得到了苏州市委组织部、苏州市农业农村局的悉心指导，得到了各区、市（县）组织部门、农业农村部门的大力支持。丛书由钱东东同志任编委会主任、金伟栋同志任主编。在此一并表示感谢。

  "乡村振兴的苏州实践"丛书的出版是江苏苏州干部学院对"用新实践感悟新思想""用新思想指导新实践"干部教育培训理念的积极探索,后续我们将持续总结党的十八大至二十大的十年中苏州全面贯彻落实习近平新时代中国特色社会主义思想在各个领域的生动实践,关注苏州以习近平新时代中国特色社会主义思想为指导,用党的二十大精神为思想武器,在扛起新使命、谱写新篇章的新征程上的思路、方向和着力点,让学院真正成为研究、宣传习近平新时代中国特色社会主义思想的理论阵地。

编者

2022 年 9 月